Montessori-Pädagogik

|M|o|n|t|e|s|s|o|r|i |P|r|a|x|i|s|

Herausgegeben von
Michael Klein-Landeck und Tanja Pütz

Montessori-Pädagogik

Michael Klein-Landeck | Tanja Pütz

Montessori-Pädagogik

Einführung in Theorie und Praxis

FREIBURG · BASEL · WIEN

© Verlag Herder GmbH, Freiburg im Breisgau 2011
Alle Rechte vorbehalten
www.herder.de

Umschlaggestaltung: Berres & Stenzel, Freiburg
Umschlagfoto: © Nienhuis Montessori
Montessori-Aufnahmen S. 8, 9, 12, 14, 15: © The Montessori-Pierson Estate
Historische Aufnahme S. 57: © Hans Lehrer, München
Fotos S. 5, 16, 32, 33, 41, 42, 49, 52, 53, 56, 59, 61, 62, 64, 73,
80, 84, 85, 86, 88, 91, 94, 101, 105, 106, 111, 124, 131, 133,
136, 144, 148: © Sönke Held, Hamburg
Layout: Berres & Stenzel, Freiburg
Satz und Gestaltung: post scriptum,
Emmendingen / Hinterzarten
Herstellung: Graspo CZ, Zlín

Gedruckt auf umweltfreundlichem, chlorfrei gebleichtem Papier
Printed in the Czech Republic
ISBN 978-3-451-32430-7

Inhalt

**1. »Wo ich bin, ist Freiheit!« –
Leben und Werk einer weltberühmten Pädagogin   8**

1.1   Montessoris Ausbildungsjahre   10
1.2   Von der Medizin zur Heilpädagogik   11
1.3   Von der Heilpädagogik zur allgemeinen Pädagogik   13

2. »Werde, der du bist« – Das Bild vom Kind bei Maria Montessori   16

2.1   Das Kind als Baumeister seiner selbst   18
2.2   Das Streben des Kindes nach Unabhängigkeit   20
2.3   Montessoris Theorie der sensiblen Phasen   22
2.4   Die Entwicklungsstufen nach Montessori   27

**3. »Dann höre ich nur noch auf mich ...« –
Polarisation der Aufmerksamkeit und Stille   32**

3.1   Die Phasen der Polarisation der Aufmerksamkeit   35
3.2   Wann entsteht Polarisation der Aufmerksamkeit?   37
3.3   Auswirkungen der Polarisation der Aufmerksamkeit   37
3.4   Stille erfahren in der Polarisation der Aufmerksamkeit   40

**4. »Wer erziehen will, muss erzogen sein« –
Der Vorbereitete Erwachsene und die neue Erzieherpersönlichkeit   42**

4.1   Reflexion des pädagogischen Selbstverständnisses   45
4.2   Pädagogische Grundhaltungen und persönliche Eigenschaften   46
4.3   Die Vorbereitung der Montessori-Pädagogin   48
4.4   Aufgaben der Montessori-Pädagogin in der Freiarbeit   49

5. »Ein Ort der Freiheit« – Die Vorbereitete Umgebung   56

5.1   Kinderhaus und Schule als wohnliches Heim   58
5.2   Kinderhaus und Schule als Lebens- und Erfahrungsraum   59
5.3   Kinderhaus und Schule als klar strukturierter Raum   60
5.4   Angebotsvielfalt in Kinderhaus und Schule   62

**6. »Jeden Tag eine große Arbeit« –
Freiarbeit in Kinderhaus und Schule   64**

6.1   Montessoris Kritik an der »alten Schule«   65
6.2   Der Ursprung der Freiarbeit bei Maria Montessori   66
6.3   Was versteht man unter Montessori-Freiarbeit?   67
6.4   Freiarbeit und ihre Voraussetzungen   70

7. »Schlüssel zur Welt« – Das Montessori-Material 80

7.1 Didaktische Prinzipien der Montessori-Pädagogik 81
7.2 Eigenschaften des Montessori-Materials 83
7.3 Lektionen zur Einführung von Material 87
7.4 Materialbeispiele 88

**8. »Den verantwortlichen Menschen vorbereiten« –
Werteerziehung nach Maria Montessori 94**

8.1 Religiöse Erziehung 95
8.2 Kosmische Erziehung 100
8.3 Friedenserziehung 102
8.4 Soziale Erziehung 103

**9. »Auf den Anfang kommt es an!« –
Montessori-Pädagogik in Krippe und Kinderhaus (0–6 Jahre) 106**

9.1 Die erste Entwicklungsstufe 107
9.2 Ausgewählte Sensibilitätsbereiche – ein kurzer Überblick 109
9.3 Montessoris »Entdeckung« und ihre pädagogischen Schlussfolgerungen 111
9.4 Sinnesmaterialien in Kinderhaus und Schule 112
9.5 Übungen des täglichen Lebens in Kinderhaus und Schule 115
9.6 Der Tagesablauf im Kinderhaus 117
9.7 Arbeit und Spiel 119
9.8 Inklusion in Kinderhaus und Montessori-Schule 121

**10. »Hilf mir, es selbst zu tun« –
Montessori-Pädagogik in der Grundschule (6–12 Jahre) 124**

10.1 Die sensiblen Phasen im Grundschulalter 125
10.2 Die Montessori-Grundschule als Vorbereitete Umgebung für 6- bis 12-Jährige 127
10.3 Der Unterricht in der Montessori-Grundschule 129
10.4 Leistungsmessung und Leistungsbewertung 132
10.5 Jahrgangsübergreifendes Lernen 133

**11. »Ich freu' mich schon auf morgen« –
Montessori-Pädagogik in der Sekundarstufe (12–18 Jahre) 136**

11.1 Der Erdkinderplan – Die Idee einer Erfahrungsschule des sozialen Lebens 137
11.2 Erdkinderprojekte in Deutschland und den USA 139
11.3 Montessori-Sekundarschulen in den Niederlanden und in Deutschland 140

**12. »... damit wir besser lernen können« –
Kinder erklären Montessori 144**

13. Anhang 148

Einleitende Worte

Die Literatur zur Montessori-Pädagogik ist nahezu unüberschaubar und füllt viele Meter in den Regalen der Bibliotheken. Wir möchten mit dem vorliegenden Auftaktband zu der Reihe »Montessori-Praxis« Einsteigern in die Montessori-Pädagogik eine zuverlässige Orientierungshilfe liefern, in übersichtlicher Weise in das komplexe Thema der Montessori-Pädagogik einführen und Anregungen für die eigene pädagogische Arbeit im Elementar- und Schulbereich bieten.

Die Themen, die Sie hier im knappen Überblick dargestellt finden, werden in den nachfolgenden Bänden dieser Reihe zu speziellen Themen weiterführend entfaltet und vertieft.

Wir wünschen Ihnen Freude bei der Lektüre und Inspirationen für Ihre pädagogische Arbeit auf dem Weg, das einzelne Kind in den Blick zu nehmen.

Unser Dank für Korrekturarbeiten gilt Franz Klein, Ingrid Held, Cornelia Jachmann und Sarah Wilken. Prof. Dr. Harald Ludwig, Alexander Wertgen, Maria Kley-Auerswald und Ilka Landeck danken wir für den inhaltlichen Austausch.

Den Kolleginnen, Kollegen und Kindern der Montessorischule Hamburg-Bergedorf sowie des Katholischen Montessori-Kinderhauses St. Nikolaus in Dürscheid bei Köln danken wir für ihre Kooperation und die Bereitschaft, Fotoaufnahmen in ihren Räumlichkeiten zu realisieren.

Sönke Held danken wir für die Fotoarbeiten, die unsere inhaltliche Auseinandersetzung mit der Montessori-Pädagogik visualisieren.

Hamburg, im April 2011
Michael Klein-Landeck und Tanja Pütz

1

»Wo ich bin, ist Freiheit!«
Leben und Werk einer weltberühmten Pädagogin

Dass sie eine der bedeutendsten Pädagoginnen des 20. Jahrhunderts werden würde, war Maria Montessori keineswegs in die Wiege gelegt. Bereits ihr Weg zum Medizinstudium und zur Promotion war damals für eine Frau alles andere als selbstverständlich. Und später sind es dann immer wieder wegweisende Erfahrungen, die allmählich Montessoris pädagogische Konzeption formen. Diesen Weg zeichnet dieses erste Kapitel nach – bis zur weltweiten Verbreitung der Montessori-Pädagogik.

Maria Montessori (1870–1952) zählt bis heute zu den berühmtesten Persönlichkeiten in der Geschichte der Pädagogik. Kinderhäuser und Schulen, die ihren Namen tragen und nach ihrem Konzept arbeiten, sind weltweit verbreitet. Sie stehen für ein Bildungssystem, das den Bedürfnissen des Kindes gerecht werden will und diese konsequent in den Mittelpunkt der pädagogischen Bemühungen stellt. Doch wer war diese Frau? Wodurch wurde sie geprägt? Wie ist es ihr gelungen, ein weltweit anerkanntes pädagogisches Konzept zu entwickeln? Was hat sie angetrieben, ihr Leben lang für die internationale Verbreitung ihres pädagogischen Ansatzes zu wirken?

Maria Montessori kommt am 31. August 1870 in Chiaravalle, einer kleinen Stadt in der italienischen Provinz Ancona, als einziges Kind von Renilde, geb. Stoppani (1840–1912), und Alessandro Montessori (1832–1915) zur Welt.

Berufsbedingt muss die Familie zweimal umziehen, als Maria Montessori noch sehr jung ist – zunächst 1873 von Chiaravalle nach Florenz und zwei Jahre später nach Rom.

Die Eltern wollen ihrem einzigen Kind eine gute Schulbildung ermöglichen. Doch die Vorstellungen, wie dies zu realisieren sei, decken sich nicht unbedingt mit den strukturellen Gegebenheiten: Die italienische Grundschule an der Via di San Nicola da Tolentino ist zur Zeit der Einschulung Maria Montessoris noch restriktiv-autoritären Erziehungsmustern verpflichtet. Heute bezeichnet man die Schulen jener Zeit als Pauk- und Drillschulen. Die dort vorherrschende Art des Unterrichts widerstrebt Renilde Montessori, da sie liberale Erziehungsvorstellungen vertritt. Sie wünscht sich für ihre Tochter eine Erziehung, die Bildung nicht mehr als eine Männerdomäne versteht. Diese Idee entspricht dem modernen Geist der Zeit. Die Rolle der Frau in der Gesellschaft befindet sich im Umbruch.

Schulzeit

Aus der Kindheit der später großen Pädagogin ist vergleichsweise wenig bekannt. Maria Montessori ist bis zu ihrem zehnten Lebensjahr eine eher schlechte Schülerin, die sich den schulischen Verhältnissen nicht anpassen will – vielleicht auch nicht kann – und es vorzieht, ihre Arbeit zu Hause zu erledigen.

Es lässt sich vermuten: Montessoris spätere Kritik an den herrschenden Unterrichtsmethoden ist biographisch begründet und deutlich von ihrer Mutter beeinflusst. Sie will etwas verändern an einem Bildungssystem, das starr und unbeweglich ist, autoritär und rigide. Mit anderen Worten: Sie hat die Vision einer Pädagogik entwickelt, die das einzelne Kind mit seinen Fähigkeiten ernst nimmt und entsprechend fördert.

Maria Montessori 1880 im Alter von 10 Jahren

1. Leben und Werk einer weltberühmten Pädagogin

1.1 Montessoris Ausbildungsjahre

Von 1883 bis 1886 besucht Maria Montessori die Regia Scuola Tecnica Michelangelo Buonarotti sowie bis 1890 das Regio Istituto Tecnico Leonardo da Vinci. In beiden Schulen erhält sie sowohl eine naturwissenschaftlich-technische als auch eine sprachliche und literarische Ausbildung.

Die junge Maria Montessori pflegt ihre Neigung zur Mathematik und möchte zunächst Ingenieurin werden. Doch ihr Interesse an medizinischen Themen ist so groß, dass sie sich schließlich für dieses Studienfach entscheidet. Sie entscheidet sich, nicht nur einen intellektuell anspruchsvollen Weg einzuschlagen, sondern zeigt auch Mut und Reformgeist, der besonders von ihrer Mutter unermüdlich unterstützt wird. Um die Wende zum 20. Jahrhundert stehen wissenschaftlich interessierten Frauen allenfalls die Berufe der Lehrerin oder Erzieherin offen. Trotz aller Hürden schreibt Montessori sich 1890 an der Universität in Rom für Mathematik, Physik und Naturwissenschaften ein und erhält 1892 ihr »Diploma di licenza«, das damals die Vorbedingung für das Medizinstudium ist. Im Studium ist Montessori in ihrem Fachbereich die einzige Studentin. Dieser Umstand bringt es mit sich, dass sie sich als Frau zwischen den anderen Studenten behaupten, gegen Vorurteile angehen und durch besondere Leistungen überzeugen muss. Außerdem engagiert sie sich auch für Kinder mit schulischen Problemen, indem sie ihnen Nachhilfestunden erteilt. Darüber hinaus arbeitet sie aktiv in der sich entwickelnden Frauenbewegung des damals noch ganz patriarchalischen Italiens mit.

Studium

Am 10. Juli 1896 schließt Montessori ihr 1892 begonnenes Medizinstudium an der Universität Rom – als erste Italienerin – mit einer Promotion ab, und zwar mit einer neuropathologischen Arbeit zum Verfolgungswahn. Sie hat sich außerdem in den beiden Jahren vor dem Examen auf Kinderheilkunde spezialisiert und wird Expertin für Kleinkinderkrankheiten.

Später berichtet sie, der Papst habe sie in ihrem Bestreben, zu studieren und ihren Ideen zu folgen, unterstützt. Sie habe ihm vieles zu verdanken – nicht zuletzt, dass sie nun den Titel *Dottoressa* tragen dürfe. Ihre erworbene Qualifikation, ihr wissenschaftliches Profil ermöglicht der jungen Ärztin, sich an der Psychiatrischen Klinik der Universität Rom um eine Assistentenstelle zu bewerben. Theoretisch hat sie aufgrund ihrer Aus-

Montessoris Promotionsurkunde

bildung durchaus die nötige Qualifikation, um in den engeren Kreis der aussichtsreichsten Bewerber zu gelangen. Doch Montessori weiß, dass sie als Frau wenig Chancen auf eine solche Position hat. Einfallsreich, mutig und in der ihr eigenen unkonventionellen Art wendet sie sich in ihrem Bewerbungsschreiben an die zuständige Kommission. Sie stellt sich allerdings nicht mit ihrem Namen vor, sondern verfasst die Bewerbung unter einem männlichen Pseudonym. Die Kommission wird bei der persönlichen Vorstellung einigermaßen überrascht gewesen sein, und doch: Die Zeichen der Zeit sind auf ihrer Seite. Sie bekommt die Stelle, und es gelingt ihr, sich in der Kinderabteilung als Assistenzärztin zu etablieren. Sie gilt schnell als Expertin für Kinderkrankheiten. Ihre bisher erworbenen Kenntnisse erweitert sie durch die Arbeit mit geistig behinderten Kindern. Nach und nach entwickelt sie ausgehend von diesen Themen ein pädagogisches Interesse.

Erste Stelle als Ärztin

1.2 Von der Medizin zur Heilpädagogik

Montessori widmet sich in ihren Forschungen immer stärker der geistigen Entwicklung des Kindes, wobei sie nicht nur das organisch kranke Kind beachtet, sondern sich auch auf psychische Auffälligkeiten und deren Entstehung konzentriert.

Hauptamtlich tätig als Assistenzärztin am Krankenhaus San Giovanni, eröffnet Maria Montessori zusätzlich eine eigene Praxis für Kinderheilkunde. Sie lebt für ihr Forschungsgebiet und ist von beruflichem Ehrgeiz getrieben. 1897 übernimmt sie eine Assistentenstelle an der Psychiatrischen Klinik der Universität Rom. In dieser Zeit hat sie ein viel zitiertes Schlüsselerlebnis, das ihr weiteres Berufsleben prägt. Zu ihren Aufgaben gehört es nämlich, römische »Irrenanstalten« zu besuchen, um potenzielle Patienten für eine Behandlung in der Klinik zu finden. Die Kinder dort fristen ein unwürdiges Dasein. Wie Gefangene gehalten, müssen sie in einem kahlen Raum ohne Anregungen quasi ihre Lebenszeit absitzen. Montessori ist erschüttert über diese Beobachtungen und schaut genau hin, was die Kinder – die als schwachsinnig bezeichnet werden – den Tag über tun. Nach dem Essen werfen sie sich auf den Boden, greifen nach heruntergefallenen Essensresten, werfen mit Brot und spielen mit Brotkügelchen, die sie formen. Montessori erkennt, dass diese Kinder nicht nach dem Essen gieren, sondern ihrer Sehnsucht nach Erfahrungen, nach Spielen nachgehen. Ihre Umgebung bietet ihnen dazu nichts, aber sie schaffen sich kleine Hoffnungen im Spiel mit heruntergefallenem Brot. Sie fängt an zu fragen, ob diese Kinder sich nicht in einer anderen Umgebung besser entwickeln könnten.

Eine wegweisende Begegnung

Sie beschäftigt sich fortan intensiv mit den medizinisch-heilpädagogischen Schriften der beiden französischen Ärzte Jean Marc Gaspard Itard (1774–1838) sowie dessen Schüler Édouard Séguin (1812–1880) und findet hier viele Anregungen für ihre spätere pädagogische Arbeit (vgl. Kap. 9).

Ab 1900 arbeitet Montessori außerdem in dem medizinisch-pädagogischen Institut zur Ausbildung von Lehrern für die Erziehung geistig behinderter Kinder (Scuola Magistrale

Erste pädagogische Tätigkeit

1.2 Von der Medizin zur Heilpädagogik   11

Maria Montessori 1913

Mario Montessori

Ortofrenica), für dessen Gründung sie sich stark gemacht hatte. Im ersten Ausbildungsjahrgang gehören der Schule 64 Schülerinnen und Schüler an. Es gibt drei Klassen. Den Kern des Lehrplans bilden wissenschaftliche Disziplinen wie allgemeine Psychologie, Physiologie und Anatomie und vor allem die Kriterien zur Diagnostik von geistigen Behinderungen bei Kindern. Zu diesen Fächern kommt die Lehre von »besonderen Unterrichtsmethoden« hinzu. Ziel ist es, Methoden eines Sonderunterrichts und Fördermöglichkeiten für Kinder mit besonderen Bedürfnissen zu vermitteln. Die Scuola Magistrale Ortofrenica ist in der damaligen Zeit eine Ausnahme.

Aus der engen beruflichen Zusammenarbeit mit ihrem Klinikkollegen Dr. Giuseppe Montesano ist inzwischen eine Liebesbeziehung geworden, aus der ein Kind hervorgeht. Am 31. März 1898 wird ihr Sohn Mario geboren. Er wächst jedoch nicht bei seinen unverheirateten Eltern auf, sondern wird von einer Pflegefamilie auf dem Land aufgezogen. Aus heutiger Sicht ist man vielleicht geneigt, dieses Verhalten zu verurteilen, doch im konservativ-katholischen Italien dieser Zeit ist ein uneheliches Kind einer alleinerziehenden Mutter – zudem einer Frau in einer hohen wissenschaftlichen Position und mit beruflichen wie sozialen Ambitionen – gesellschaftlich indiskutabel.

Wahrscheinlich hat sich Montessori aus Angst, ihre Approbation zu verlieren oder gesellschaftlich ausgeschlossen zu werden, dazu entschlossen, Mario nicht bei sich zu behalten. Unklar ist, warum Montessori und Montesano nicht geheiratet haben. Gemutmaßt wird, dass familiäre Widerstände – besonders seitens beider Mütter – der Grund dafür gewesen seien (vgl. Heiland 1999: 32 f, Kramer 1995: 91 ff).

Der Kontakt zu Montesano bricht bald ab, den zu ihrem Kind behält Montessori ein Leben lang. Sie besucht Mario regelmäßig und nimmt ihn 1912, nach dem Tod ihrer Mutter, zu sich. Die Biographin Kramer vermutet, dass Montessori erst nach dem Tod ihrer Mutter dazu in der Lage war, Mario zu sich zu nehmen, da diese die berufliche Karriere ihrer Tochter nicht riskieren wollte. Maria Montessori und Mario arbeiten später zusammen an der weltweiten Verbreitung der Montessori-Pädagogik.

Als sich Montessori bereits als Ärztin einen Namen gemacht hat, bildet sie sich an der Universität Rom im Bereich der Pädagogik weiter. Es lässt sich vermuten, dass die Päd-

12   1. Leben und Werk einer weltberühmten Pädagogin

agogikvorlesungen eine Inspirationsquelle für sie sind, sich mit den Schriften u. a. von Rousseau, Fröbel und Pestalozzi auseinanderzusetzen.

1.3 Von der Heilpädagogik zur allgemeinen Pädagogik

Mit der Eröffnung ihres ersten Kinderhauses (Casa dei bambini), einer Tagesstätte für noch nicht schulpflichtige Kinder im römischen Elendsviertel San Lorenzo, beginnt ab 1907 ein neuer Abschnitt in Montessoris beruflichem Werdegang.

In dem von der Wohnungsbaugesellschaft Roms und von Privatleuten geförderten Projekt verknüpft Montessori die verschiedenen Elemente ihrer facettenreichen Ausbildung miteinander. Sie arbeitet mit Kindern aus sozio-ökonomisch schwachen Verhältnissen. Wie sorgfältig und wissenschaftlich engagiert sie ihrer Berufung als Pädagogin nachgeht, kann man nachlesen in ihrem Buch *Il metodo della pedagogica scientifica* (»Die Methode der wissenschaftlichen Pädagogik«) von 1909. Hierin berichtet sie über ihre pädagogischen Entdeckungen und Erfahrungen. Mit Erfolg – denn bereits ein Jahr später beginnt die internationale Verbreitung dieses Werkes, das heute unter dem Titel *Die Entdeckung des Kindes* bekannt ist.

Endgültige Hinwendung zur Pädagogik

1911 gibt sie ihre Arztpraxis auf. Mit der Rückgabe ihrer Dozentur im Jahr 1916 bekennt sie sich ausdrücklich als Pädagogin. Aus diesem Selbstverständnis heraus gilt fortan alles berufliche Bemühen der Erweiterung und Modifizierung ihrer pädagogischen Erkenntnisse. Sie publiziert u. a. für pädagogische Fachkreise, modifiziert ihr pädagogisches Konzept, sucht den interdisziplinären Austausch und hält international Vorträge, um ihre pädagogischen Ideen auf der Welt zu verbreiten. 1929 gründet sie in Berlin gemeinsam mit ihrem Sohn Mario die »Association Montessori Internationale« (AMI), die seit 1935 ihren Hauptsitz in Amsterdam hat.

Montessori ist nun eine berühmte Persönlichkeit und weiterhin sehr umtriebig. Sie reist durch die Welt in der Mission, die Lernbedingungen von Kindern zu verbessern. Wo sie auftritt, scheinen ihre pädagogischen Ideen einen starken Einfluss auf die jeweiligen Bildungssysteme zu gewinnen.

Sie pflegt den Austausch mit prominenten Persönlichkeiten wie z. B. dem Begründer der Psychoanalyse, Sigmund Freud, mit Fachkollegen wie Peter Petersen, John Dewey und Helen Parkhurst, mit Jean Piaget, dem wohl bekanntesten Entwicklungspsychologen überhaupt, und mit Persönlichkeiten wie Mahatma Gandhi und Rabindranath Tagore.

Der Faschismus spaltet die bis 1933 gewachsene Montessori-Bewegung. In Deutschland werden ihre Schulen von den Nationalsozialisten geschlossen: Ihre Idee von Freiheit und Selbsttätigkeit passt nicht zu den pädagogischen Vorstellungen eines diktatorischen Regimes. Aber auch in Italien provoziert Montessoris Erziehungsmethode Konflikte mit dem faschistischen Regime. Mussolini wird zwar zunächst Ehrenvorsitzender und schließ-

Konflikt mit dem Faschismus

lich 1926 sogar Präsident der italienischen Montessori-Gesellschaft: Die Popularität der von Montessori durchgeführten Ausbildungskurse für Lehrerinnen hatte sein Interesse erregt. Als der Duce aber in den Montessori-Schulen den Gruß, die Musik und die Uniformen der Faschisten einführen will, lehnt die Pädagogin sich gegen die Weisungen des Unterrichtsministers auf und reagiert mit stillem Protest. Doch lange kann sie den Widerstand nicht aufrechterhalten. Sie verlässt Italien und siedelt nach Spanien über. Ab 1934 müssen in Italien die Montessori-Schulen geschlossen werden. Montessori hält jedoch weiterhin Ausbildungskurse sowie verschiedene Vorträge, u. a. in Genf, Brüssel, Kopenhagen und Utrecht, in denen sie sich für die Bewahrung des Friedens stark macht. In diese Zeit fällt auch ihre Konzeption einer Sekundarschule auf dem Lande. Währenddessen spitzt sich die Situation in Europa zu. Im Oktober 1939 verlassen Montessori und ihr Sohn Mario, die zu der Zeit in Holland leben, Europa. In Indien entwickeln sie die Praxis dessen, was dann als »Kosmische Erziehung« bezeichnet wird. Sie realisieren einen Ausbildungskurs und verschiedene Vorträge an Universitäten. Bevor sie 1946 nach Europa zurückkehren,

Maria Montessori mit ihrem Sohn Mario in Indien 1940

14   1. Leben und Werk einer weltberühmten Pädagogin

entstehen die Studien zur frühkindlichen Bildung (*The Absorbent Mind*, dt.: *Das kreative Kind*), die besonders in den letzten Jahren wieder an Bedeutung gewonnen haben.

Ein wissenschaftliches Comeback dokumentieren Vortragsreisen (1950 nach Norwegen und Schweden), internationale Konferenzen (1950 in Amsterdam), Kongresse (1951: letzter internationaler Kongress in London) und Ausbildungskurse (1951: letzter Kurs in Innsbruck).

Nach dem Krieg

Am 6. Mai 1952 stirbt Montessori im niederländischen Noordwijk aan Zee. Ihren wissenschaftlichen Tatendrang hat sie bis in das Alter von 81 Jahren nicht aufgegeben. Es wird berichtet, dass sie noch am Tage ihres plötzlichen Todes einen Verantwortlichen für die Reorganisation des Erziehungssystems in Ghana erwartete.

Die Grabstätte Montessoris befindet sich auf einem kleinen katholischen Friedhof an der niederländischen Nordseeküste. Die Grabinschrift enthält einen Appell, der in ihrer Pädagogik eine zentrale Rolle einnimmt.

Io prego i cari bambini, che possono tutto, di unirsi a me per
la costruzione della pace negli uomini e nel mondo.

In der deutschen Übersetzung heißt dieser Satz, der das große
Ziel ihres pädagogischen Schaffens zum Ausdruck bringt:

**Ich bitte die lieben Kinder, die alles können, mit mir zusammen für den
Aufbau des Friedens zwischen den Menschen und in der Welt zu arbeiten.**

Bis heute genießt die Montessori-Pädagogik große Aufmerksamkeit. Allein in Deutschland gibt es ca. 1000 Einrichtungen, die nach den von der italienischen Reformpädagogin entwickelten Prinzipien arbeiten. Darunter sind ca. 600 Kinderhäuser und 400 Schulen. Etwa 22.000 Einrichtungen weltweit sind der Montessori-Methode verpflichtet.

1.3 Von der Heilpädagogik zur allgemeinen Pädagogik

2

»Werde, der du bist«[1]
Das Bild vom Kind bei Maria Montessori

Kinder, so lautet eine der Grundüberzeugungen Maria Montessoris, dürfen nicht nach den Maßstäben der Erwachsenen beurteilt oder gar manipuliert werden, sondern müssen in ihrer jeweiligen Eigenart ernst genommen werden. Denn die wesentlichsten Impulse für die Entwicklung des Kindes kommen aus ihm selbst – freilich durchaus nach gewissen »Gesetzmäßigkeiten«. Die Grundzüge von Montessoris Menschenbild und ihrer Konzeption der Entwicklung sind das Thema dieses Kapitels.

Ein sehr schönes Buch Maria Montessoris, das erstmals 1936 unter dem Titel *Il segreto dell'infanzia* (»Das Geheimnis der Kindheit«) in Italien veröffentlicht wurde, ist heute im deutschen Sprachraum unter dem Titel *Kinder sind anders* bekannt. An zahlreichen Beispielen aus der Erziehungspraxis führt die italienische Reformpädagogin ihre Leser in die Weltsicht des Kindes ein und macht deutlich, wie sich Kinder und Erwachsene in vielerlei Hinsicht unterscheiden. Diese Unterschiedlichkeit bezieht sich nicht nur auf ihre physische Gestalt, sondern auch auf ihr Denken, Fühlen, Wollen und Handeln, also auf die Art, wie sie ihre Welt wahrnehmen, ordnen und gestalten, wie sie leben und lernen.

Hinter der Formel »Kinder sind anders« verbirgt sich Montessoris Auffassung, dass sich der Erwachsene um ein angemessenes Verständnis der kindlichen Persönlichkeit bemühen muss, wenn Erziehung gelingen soll. Er muss die Kinder genau studieren, ihr Wesen verstehen, wissen, wie sie lernen und was sie für eine gute Entwicklung benötigen. Um diese anthropologischen (Was ist der Mensch? Was ist das Kind?) und entwicklungspsychologischen (Wie entwickelt sich der junge Mensch?) Grundlagen der Pädagogik Maria Montessoris soll es in diesem Kapitel gehen. Doch zunächst wollen wir uns einmal eines dieser typischen Beispiele aus der Erziehungspraxis anschauen, mit denen Montessori ihre Leserschaft für die besonderen Eigenschaften und Bedürfnisse des Kindes sensibilisieren will. Es handelt sich in dieser Situation um eine junge Mutter und ihren zweieinhalbjährigen Sohn:

»Kinder sind anders«

»Eines Tages sah sie, wie das Kind ohne jeden erkennbaren Grund einen gefüllten Wasserkrug aus dem Schlafzimmer in den Salon trug. Sie beobachtete, mit welch angespannter Anstrengung der Kleine sich mühsam vorwärtsbewegte, und sagte sich selber unentwegt vor: ›Be careful, be careful!‹ (Sei vorsichtig!) Der Krug war schwer und schließlich hielt es die Mutter nicht länger aus. Sie eilte dem Kind zu Hilfe, nahm ihm den Krug ab und trug ihn dorthin, wo ihn das Kind haben wollte. Der Junge war sichtlich beschämt und begann zu heulen. Der Mutter tat es leid, das Kind gekränkt zu haben […] doch habe sie es einfach nicht über sich gebracht zuzusehen, wie er sich abmühte und eine Menge Zeit mit etwas verlor, das sie in einem Augenblick besorgen konnte« (Montessori 2009: 125).

Es ist klar, dass die junge Frau es nur gut mit ihrem Kind meinte, denn sie »eilte ihm zur Hilfe«, eine doch ganz und gar verständliche Reaktion einer liebevollen Mutter. Und doch war der Junge »beschämt und begann zu heulen«. Denn für ihn stellte das Eingreifen keine Hilfe dar, sondern eher ein Ärgernis, eine Kränkung seines Stolzes, wurde er doch um den persönlichen Erfolg und seine eigene Leistung gebracht.

---

1 Anmerkung zur Überschrift dieses Kapitels: Das Wort »Werde, der du bist« stammt zwar nicht aus dem Umkreis der Montessori-Pädagogik, zeigt aber eine große Nähe zum pädagogischen Denken der italienischen Reformerin. Es wird dem griechischen Dichter Pindar (522–445 v. Chr.) zugeschrieben, findet sich aber auch in der indischen Mythologie wieder sowie in der Aufforderung »Du sollst der werden, der du bist!« bei dem deutschen Philosophen Friedrich Nietzsche (1844–1900).

2. Das Bild vom Kind bei Maria Montessori

Im Stil eines Erziehungsratgebers berichtet Montessori nun, dass die Mutter ihren Fehler einsieht und um Rat bittet. Sie erkennt im Verhalten der jungen Frau »jenes typische Erwachsenengefühl, das man ›Geiz gegenüber dem Kinde‹ nennen könnte« (ebd.). Montessori empfiehlt ihr – wie anderen Müttern in ähnlichen Situationen, die sie in *Kinder sind anders* schildert –, mehr auf die inneren Bedürfnisse ihres Jungen zu achten und dafür zu sorgen, dass ihr Kind diese für seine Entwicklung so wichtige »Arbeit« (zu Montessoris Begriff der Arbeit vgl. Kap. 9.7) ungestört verrichten kann. Im vorliegenden Fall rät Montessori sogar dazu, dem Zweieinhalbjährigen doch Teile eines feinen Porzellanservices zu überlassen, da er sich so für das Transportieren zerbrechlicher Gegenstände begeistert. Die Episode endet mit Montessoris Hinweis, dass das Befolgen ihres Rates »nicht ohne Einfluss auf seine seelische Gesundheit geblieben ist« (Montessori 2009: 126).

2.1 Das Kind als Baumeister seiner selbst

In Übereinstimmung mit den Erkenntnissen moderner wissenschaftlicher Forschung ist Maria Montessori davon überzeugt, dass der Mensch ein Sonderwesen innerhalb der Schöpfung darstellt. Während das Verhalten von Tieren weitgehend prädeterminiert, d. h. bei Geburt bereits festgelegt ist und ihre Entwicklung durch angeborene Instinkte gesteuert wird, zeichnet sich der Mensch durch ein hohes Maß an Unspezialisiertheit und Weltoffenheit aus. Charakteristisch sind die extreme Hilflosigkeit des Neugeborenen und die lange Kindheit des Menschen, die man geradezu als einen biologischen Rückschritt im Vergleich zu höheren Säugetieren auffassen kann.

Formbarkeit des Säuglings

Aus der Sicht der heutigen Gehirnforschung lässt sich dieses Charakteristikum auf die ausgeprägte Plastizität (Formbarkeit) des menschlichen Nervensystems zurückführen. Der Mensch als instinktreduziertes Wesen zeigt bei der Geburt das, was ihn zum Menschen macht und von höheren Säugetieren unterscheidet, erst in Ansätzen: Intelligenz, Wille, Motivation, Sprache, Religiosität, Charakter oder Reflexionsfähigkeit sind zwar schon angelegt, bedürfen aber zu ihrer weiteren Entwicklung und vollen Entfaltung der Auseinandersetzung mit einer konkreten dinglichen Umwelt und vor allem des mitmenschlichen Dialogs. Der Mensch kommt also nicht fertig zur Welt, sondern muss sich in aktiver Auseinandersetzung mit seiner natürlichen, sozialen und kulturellen Umgebung selbst aufbauen.

Neuere entwicklungspsychologische Forschungen sprechen vom »extrauterinen Frühjahr« des Neugeborenen. Weil sich der Mensch im Vergleich zu anderen Säugetieren, die zum Zeitpunkt ihrer Geburt in der Regel bereits einen deutlich höheren Entwicklungsstand erreicht haben, als »normalisierte Frühgeburt« erweist, gilt der ersten Lebensperiode besondere Aufmerksamkeit. Denn wohl zu keiner Zeit lernt und entwickelt sich das Menschenkind so rasant wie gerade innerhalb des ersten Lebensjahres. Aus diesem

Grunde führt der Mensch nach Ansicht Montessoris ein doppeltes embryonales Leben: Seine erste (pränatale) Embryonalphase durchläuft das Kind im Mutterleib, wo es vor allem zur Ausbildung der physischen Organe kommt. Sie nennt den Menschen in dieser Phase *physischer Embryo*. Eine zweite (postnatale) Embryonalphase stellt die Zeit nach der Geburt dar, d. h. die besonders formative Periode der ersten Lebensjahre, in der das Neugeborene eine ebenso schöpferische Tätigkeit entwickeln muss wie während seiner physischen Embryonalphase, und zwar jetzt in psychischer Hinsicht. Montessori spricht hier vom *psychischen* oder *geistigen Embryo*.

Das weitgehende Fehlen ererbter Instinkte wird nach Montessori dadurch ausgeglichen, dass das Neugeborene über eine unbegrenzte Adaptionsfähigkeit verfügt, die ihm die biologische und soziale Anpassung an jede Umgebung ermöglicht, in die es hineingeboren wird. Nach Montessori liebt jedes Kind daher seinen Geburtsort unabhängig von den dortigen Lebensbedingungen und kann »anderswo nie gleich glücklich sein« (Montessori 2007: 58). Die ersten Lebensjahre sind dabei von zentraler Bedeutung, vollziehen sich doch hier fundamentale Entwicklungsvorgänge. Erziehung muss daher bereits unmittelbar nach der Geburt einsetzen: In Analogie zum Schutzbedürfnis des *physischen Embryos* ist auch der *geistige Embryo* auf eine behütende und wachstumsfördernde Umgebung angewiesen, in welcher er seine vitale Aufgabe der Anpassung an die vorgefundenen Lebensbedingungen erfüllen kann.

Adaptionsfähigkeit des Neugeborenen

Das Menschenkind ist bei der Geburt nicht alleine überlebensfähig. Es ist auf eine menschliche Umgebung und eine liebevolle Erziehung angewiesen. Die mangelnde Festgelegtheit seines Verhaltens einerseits und seine grundsätzliche Erziehungsfähigkeit andererseits stellen nach Montessori den Schlüssel zur menschlichen Freiheit dar. Diese wurzelt also in der Tatsache, dass »Geist und Intelligenz den Mittelpunkt der individuellen Existenz […] bilden« (Montessori 2007: 56), und ist die Ursache der Verschiedenheit der Menschen. Als einzigem Lebewesen ist dem Menschen prinzipiell die Möglichkeit und Aufgabe gegeben, zu freiem und sittlichem Handeln zu gelangen, d. h. wertbestimmte Entscheidungen zu treffen und sein Leben in eigener Verantwortung zu führen.

Der Pädagogik Maria Montessoris liegt somit ein christlich-personales Menschenbild zugrunde, nach welchem der Mensch als von Anbeginn an geistbegabtes Wesen und Subjekt seiner selbst in den Mittelpunkt aller pädagogischen Bemühungen gestellt ist.

Menschliche Entwicklung stellt nach Montessori weder einen rein biologischen Vorgang noch einen Prozess der Prägung durch Umwelteinflüsse dar. Mit Nachdruck stellt sie fest, dass diese Entwicklung auf einem komplexen Wechselspiel von Anlage, Umwelt und Eigenaktivität beruht. Erst in der Interaktion mit seiner Umwelt baut sich das Individuum auf und vollendet sich. Der Mensch gilt Montessori als *aktiver Baumeister* und konstruktiver Bildner der eigenen Persönlichkeit und somit als Schöpfer seiner selbst. Wenn Pestalozzi in diesem Zusammenhang vom Werk der Natur, Werk der Gesellschaft (Kultur) und Werk seiner selbst spricht, liegt für Montessori die Betonung eindeutig auf dem dritten Aspekt: Kernpunkt ihrer Anthropologie ist ihre Überzeugung von der Selbstverwirklichungskraft des Menschen, die im Bild des sich *auf Kosten seiner Umwelt* entwickelnden Kindes zum Ausdruck kommt.

Aktive Rolle des Kindes in der eigenen Entwicklung

2.1 Das Kind als Baumeister seiner selbst

Maria Montessoris idealtypischer Vergleich von Tier und Mensch

Tier	Mensch
Instinktgesteuertes Wesen	Instinktreduziertes Wesen
Artspezifische Kennzeichen sind angeboren	Angeboren ist lediglich das Vermögen zur Ausbildung dieser Kennzeichen
Das Verhalten ist bereits bei der Geburt weitgehend fixiert	Es gibt kein prästabilisiertes Verhalten, nur einige grundlegende Reflexe sind erhalten (z. B. Saugreflex)
Spezialisiertheit des Verhaltens	Unspezialisiertheit des Verhaltens (Plastizität des Nervensystems)
Kurze Kindheit, fortgeschrittener Entwicklungsstand bei der Geburt, rasche Selbstständigkeit	Lange Kindheit, lange Hilflosigkeit nach der Geburt (»normalisierte Frühgeburt«), dafür Erziehungsfähigkeit und Erziehungsbedürftigkeit
Naturwesen, Anpassung an natürliche Umgebung, Arterhaltung	Natur- und Kulturwesen, unbegrenztes Anpassungsvermögen, Freiheitsfähigkeit, Entwicklung von Kultur, da Geist und schöpferische Intelligenz im Mittelpunkt der Existenz stehen

2.2 Das Streben des Kindes nach Unabhängigkeit

Streben nach Unabhängigkeit

Nach Montessori lässt sich menschliche Entwicklung als das Erreichen »sukzessiver Grade von Unabhängigkeit« (Montessori 2007: 77) auffassen. Dieses Streben setzt unmittelbar nach der Geburt ein und beginnt mit der ganzheitlichen Aufnahme von Sinneseindrücken, durch die sich das Neugeborene ein erstes Welt- und Selbstbild aufbaut. Fängt es an, sich auf den Bauch zu drehen und vorwärts zu robben, sammelt es neue Eindrücke und erweitert seinen Horizont. Mit der Fähigkeit, feste Nahrung aufzunehmen, demonstriert das Kind nach Ansicht Montessoris einen Grad von Selbstständigkeit. Ähnlich lassen sich die Gehversuche des etwa einjährigen Kindes oder seine ersten Worte verstehen: Jeder Kompetenzzuwachs stellt einen Entwicklungsschritt dar, erweitert die Handlungsmöglichkeiten des Kindes und steigert damit seine Unabhängigkeit. Immer weniger ist es auf die Hilfe durch Erwachsene angewiesen.

20   *2. Das Bild vom Kind bei Maria Montessori*

Dieses universell zu beobachtende Streben nach Unabhängigkeit erfolgt aus einem inneren Antrieb heraus. Ihm liegt eine im Kind angelegte schöpferische Kraft zugrunde, die Montessori als *hormé* (griech. »Drang«, »Streben«) bezeichnet und die das Kind veranlasst, sich selbst unbewusst aufzubauen: Der zweieinhalbjährige Junge aus unserem Beispiel verspürt das intensive Bedürfnis, vorsichtig und geschickt einen Krug zu tragen, ohne das Wasser zu verschütten. Es ist ihm so wichtig, dass er sich dabei nicht stören lassen will. Niemand darf ihm diese Aufgabe einfach abnehmen! Dass das Kind dabei die Auge-Hand-Koordination verbessert, seine Bewegungen koordiniert und die Feinmotorik schult, ist ihm natürlich nicht bewusst. Als Ziel seiner »Arbeit« könnte es das nicht formulieren!

Auf diese unbewusste Weise entwickeln Kinder aber nach Montessoris Verständnis in den ersten Lebensjahren zahlreiche Fähigkeiten und Fertigkeiten. Sie bauen Kompetenzen auf – wir erinnern uns an das Bild vom »Baumeister seiner selbst« – weil sie einem inneren Antrieb folgend ihre Bedürfnisse ausleben. Und dies ist lebensnotwendig: Denn anstelle genetisch fixierter Verhaltensweisen verfügt der Mensch nur über dynamische Entwicklungsmöglichkeiten, die Montessori als *nebule* (Nebelflecke) bezeichnet. Mit diesem aus der Astronomie entlehnten Begriff sind Gasanhäufungen gemeint, aus denen sich in allmählichen Prozessen der Änderung von Dichte und Aggregatzustand die Himmelskörper gebildet haben. *Nebule* sind im Verständnis Montessoris Anregungen voller potenzieller Energien. Das im Kind Angelegte ist noch nebelhaft unbestimmt und setzt zu seiner Ausformung eine konkrete Umgebung voraus, in der sich die Anlage entfalten kann.

Dynamische Entwicklungsmöglichkeiten statt fester Vorgaben

Montessori kommt in diesem Zusammenhang gerne auf das Beispiel der Muttersprache zurück. In jedem Menschen ist die Fähigkeit angelegt, eine Sprache zu erlernen. Schon im Mutterleib lernt das Ungeborene, Stimmen zu erkennen und zu unterscheiden. Aufmerksam verfolgen Neugeborene dann die Lippenbewegungen ihnen zugewandter Menschen, und nach wenigen Monaten beginnen sie zu brabbeln und Silben zu lallen. Jedes Kind lernt dabei die Sprache seiner Umgebung, unabhängig davon, wie komplex die Struktur der jeweiligen Sprache ist. Wächst es nicht in einer menschlichen Umgebung auf, in der es einen »sprachlichen Input« erfährt, kann es auch keine Sprache entwickeln. Dies zeigt etwa das Beispiel sogenannter Wolfskinder auf anschauliche Weise. Daraus lässt sich folgern, dass nur die Fähigkeit, grundsätzlich eine oder mehrere Sprachen zu erlernen, angeboren ist. Welche das ist bzw. sind, ist offen. Im Menschen ist somit keine spezifische Muttersprache angelegt, sondern nur ein allgemeines Sprachpotenzial, welches sich in einer konkreten Sprachwirklichkeit realisieren muss.

Gelingende Entwicklung setzt also eine geeignete Umgebung und möglichst freie Betätigungsmöglichkeiten voraus. Wenn jede sich aufbauende Funktion zu ihrer Festigung der vollständigen Inanspruchnahme bedarf, kann sich ein Kind nach Überzeugung Montessoris nur in Freiheit gesund entwickeln. Versuche, diesen Prozess durch äußere Eingriffe künstlich zu beschleunigen oder gar zu behindern, müssen ihrer Ansicht nach zu einer Beeinträchtigung der Entwicklung und zur Schädigung der kindlichen Persönlichkeit führen.

Menschliche Potenzialitäten (*nebule*) hängen also, so lässt sich zusammenfassend sagen, im Hinblick auf ihre spezifische Ausprägung von konkreten Umwelteindrücken ab.

2.2 Das Streben des Kindes nach Unabhängigkeit

In kritischen Phasen der Entwicklung, d. h. bestimmten, zeitlich begrenzten Phasen der Plastizität, stellen sich die für den Aufbau bestimmter Funktionen relevanten festen Verdrahtungen des Nervensystems ein, während ungenutzte Möglichkeiten abgebaut werden. In allen Entwicklungsphasen treten besondere Empfänglichkeiten auf, welche unter der Voraussetzung freier Betätigungsmöglichkeit die Entfaltung angelegter Potenzialitäten zu konkreten Entwicklungsfortschritten anregen und somit den Erwerb von Kenntnissen und Fertigkeiten ermöglichen.

Nach diesem Verständnis, wie es Montessori vertritt, verfügt der Mensch also über einen »inneren Bauplan der Seele und über vorbestimmte Richtlinien für seine Entwicklung« (Montessori 2009: 61). Der Ausdruck »Bauplan der Seele« bezeichnet jedoch keinen genetisch determinierten Prozess, sondern bezieht sich auf die innere, je individuelle Entwicklung des Geistwesens Mensch im Sinne des diesem Kapitel vorangestellten Mottos »Werde, der du bist«.

Regelhaftigkeit und doch Einmaligkeit der Entwicklung

Trotz regelhafter Übereinstimmungen bzw. schon fast gesetzmäßiger Erscheinungen im Entwicklungsverlauf von Kindern[2] – als gäbe es einen relativ genauen Zeitplan für den Erwerb von Kompetenzen – liegt diesem Begriff doch letztlich ein Verständnis der Einzigartigkeit jedes Menschen und des *Geheimnisses* seiner individuellen Entwicklung zugrunde. Also auch hier: »Jedes Kind ist anders« – es gibt keine zwei identischen Baupläne! Allerdings verschließt sich diese Teleologie der Entwicklung nach Montessori der exakten menschlichen Erkenntnis, da ihre Richtlinien ein »Schöpfungswunder« seien, das nur den »Schlüssel« (Montessori 2009: 44) zum rätselhaften Dasein des Kindes darstelle.

Nach Montessori können und müssen wir also versuchen, das einzelne Kind in seiner Einmaligkeit zu verstehen. Aber wirklich tief in sein Inneres eindringen und es voll und ganz durchleuchten können wir nicht. Wir müssen das *Geheimnis des Kindes* achten, können aber aus seinen Handlungen und *Offenbarungen* auf innere Vorgänge schließen und entsprechend pädagogisch handeln: Wir erkennen im obigen Beispiel das große Bedürfnis des zweieinhalbjährigen Jungen, mit großer Ausdauer und viel Geschick einen Wasserkrug zu tragen, denn er lässt davon nicht ab. Und wir folgern daraus, dass wir ihn dabei nicht stören dürfen.

2.3 Montessoris Theorie der sensiblen Phasen

Um kindliche »Offenbarungen« im Sinne Maria Montessoris handelt es sich auch in folgenden Szenen, in denen Kinder jeweils so in ihre »Arbeit« versunken sind, dass sie ihre Umgebung kaum noch oder gar nicht mehr wahrzunehmen scheinen. Diese Situationen gewähren einen interessanten Einblick in das Seelenleben der Kinder und geben Auf-

---

2 Nach Montessori lassen sich gewisse allgemeine Gesetzmäßigkeiten in der menschlichen Entwicklung erkennen, denn Kinder entwickeln sich »alle auf die gleiche Weise und folgen den gleichen Gesetzen« (Montessori 2007: 68).

schluss über ihre aktuellen Bedürfnislagen, Interessen und Aufmerksamkeitsrichtungen. Die folgenden Beobachtungen haben wir (d. V.) in den letzten Jahren zu Hause oder in pädagogischen Einrichtungen gemacht, und wenn Sie genau überlegen, werden Sie diese Liste bestimmt ganz leicht mit eigenen Beispielen füllen und ergänzen können:

- Lara (2,7 Jahre) sitzt auf dem Fußboden und sortiert Spielzeugautos nach Farbe und Größe. Unbeeindruckt vom fröhlichen Gespräch der Erwachsenen am Tisch ordnet sie die Fahrzeuge peinlich genau am Rande des Teppichs entlang.
- Sven-Ole (2,4 Jahre) erklimmt an der Hand des Vaters im Treppenhaus alle Stufen bis zur ersten Etage, macht dann auf dem Absatz kehrt und »führt« ihn die Treppe wieder hinab. Es folgen mehrere Auf- und Abstiege.
- Anna (3 Jahre) steht auf einer Fußbank vor dem Waschbecken und reibt sich ihre Hände unter lauwarmem Wasser. Obwohl sie längst sauber sind, dauert die Beschäftigung eine gute halbe Stunde an.
- Kevin (5,6 Jahre) kommt wiederholt zur Erzieherin gelaufen. Er berichtet ihr davon, was andere Kinder gerade getan haben, häufig verbunden mit der Frage: »Darf der/die das?«
- Eva (1,11 Jahre) reagiert in letzter Zeit oft mit Unruhe oder Heulen darauf, wenn die Kuscheltiere an ihrem Bett nicht in der »richtigen« Reihenfolge sitzen oder wenn die Eltern am Abendbrottisch die gewohnten Plätze tauschen.
- Paul (3,5 Jahre) fragt in den letzten Tagen fast jeden, den er trifft, ob er ein Junge oder ein Mädchen sei.
- Maren (5,1 Jahre) versucht seit gestern, jedes geschriebene Wort in ihrer Umgebung zu entziffern.

Es fällt auf, dass sich diese Kinder sehr intensiv mit einer Sache beschäftigen und ihre Handlung oft wiederholen, auch wenn aus der Sicht des Erwachsenen ein bestimmter Zweck längst erreicht ist. Ihr ganzes Interesse scheint sich auf eine Frage, ein Thema oder einen Gegenstand zu konzentrieren, so dass sie sich völlig einer Aktivität hingeben, während andere Dinge vorübergehend von geringerer Bedeutung sind. Sobald ein bestimmtes Interesse abgeklungen ist, kann etwas Neues in den Fokus der Aufmerksamkeit rücken.

Maria Montessori spricht in diesem Zusammenhang von den *sensiblen Phasen* oder *sensitiven Perioden* in der Entwicklung des jungen Menschen. Dieser Begriff steht für Zeitabschnitte bestimmter Empfänglichkeiten (Sensibilitäten), die sich durch eine erhöhte spezifische Lernbereitschaft auszeichnen. Sie sind von vorübergehender Dauer und ermöglichen einen relativ mühelosen Erwerb bestimmter Kompetenzen und Eigenschaften. Montessoris Theorie der sensiblen Phasen stellt die entwicklungspsychologische Grundlage ihrer Pädagogik dar. Wiederholt bezieht sie sich dabei auf den niederländischen Biologen Hugo de Vries (1848–1935) und schreibt:

Perioden besonderer Empfänglichkeit

»Der holländische Gelehrte de Vries entdeckte die Empfänglichkeitsperioden bei den Tieren, und uns gelang es in unseren Schulen, dieselben ›sensitiven Perioden‹ auch in der

Entwicklung der Kinder festzustellen und den Zwecken der Erziehung nutzbar zu machen. [...] Man weiß, daß die Raupen mit großer Geschwindigkeit heranwachsen, gierig fressen und daher Pflanzenschädlinge sind. De Vries verwies nun auf eine Raupenart, die sich während ihrer ersten Lebenstage nicht von den großen Baumblättern, sondern nur von den zartesten Blättchen an den Enden der Zweige zu nähren vermag. Nun legt aber der Schmetterling seine Eier gerade an der entgegengesetzten Stelle, nämlich dort, wo der Ast aus dem Baumstamm hervorwächst, denn dieser Ort ist sicher und geschützt. [...] [D]ie Raupe ist mit starker Lichtempfindlichkeit begabt; das Licht zieht sie an, fasziniert sie. So strebt die junge Raupe mit ihren charakteristischen Sprungbewegungen alsbald der stärksten Helligkeit zu, bis sie am Ende der Zweige angekommen ist, und dort findet sie die zarten Blätter, mit denen sie ihren Hunger stillen kann. Das Seltsame aber ist, daß die Raupe sogleich nach Abschluss dieser Periode, sobald sie sich auf andere Art ernähren kann, ihre Lichtempfindlichkeit verliert. [...] Der Instinkt stirbt ab. [...] Es ist nicht so, daß die Raupe für das Licht unempfänglich, also im physiologischen Sinn blind geworden wäre; aber sie beachtet es nicht mehr« (Montessori 2009: 66 f).

De Vries' Entdeckung bezieht sich auf die Metamorphose einer Raupe zum Schmetterling. Montessori übernimmt den Begriff der *sensiblen Phasen* aus seiner Forschungsarbeit, überträgt ihn auf ihre Beobachtungen hinsichtlich der menschlichen Entwicklung und verwendet ihn zur Kennzeichnung des von ihr beschriebenen Phänomens. Gemäß ihrer Annahme, der Mensch entwickele sich in *sensiblen Phasen*, entwirft Montessori ein Stufenkonzept, das vergleichbar ist mit denen von Sigmund Freud (1856–1939), Jean Piaget (1896–1980) oder Erik H. Erikson (1902–1994).

Nach Montessori sind *sensible Phasen* wie *seelische Leidenschaften*. Heute würden wir in diesem Zusammenhang wohl eher einen Begriff aus der Psychologie verwenden, nämlich den der *intrinsischen Motivation*, um zu verdeutlichen, dass sich ein Kind in einer Lebensphase auffallend intensiv mit ganz bestimmten Tätigkeiten beschäftigt. Interessiert sich z. B. ein Kind in einer *sensiblen Phase* für das Thema »Die Entwicklung der Erde« oder für das Addieren, für die unterschiedlichen Farben oder das Binden der Schuhe, so soll

Motivation von innen heraus

man diese *innere Energie* oder auch *Lernbereitschaft* des Kindes fördern, indem man ihm entsprechende Lernangebote macht. Nach Montessori soll ein Kind gemäß seinen Interessengebieten an dem arbeiten können, was für es, wie wir heute sagen, »gerade dran ist«.

Sie geht davon aus, dass *sensible Phasen* deshalb Lernprozesse auslösen, weil hier schöpferische Energien und gewonnene Erfahrungen auf entwicklungsförderliche Weise zusammenfallen. Bliebe dem Kind die nötige Entwicklungsfreiheit jedoch verwehrt – beispielsweise in einem Unterricht, der individuelle Lernbedürfnisse nicht berücksichtigt –, ließen die innere Energie und das Interesse nach, und das Kind könnte sich bestimmte Wissensgebiete nur noch mit großer Anstrengung aneignen. Wenn innere Impulse in den Tätigkeiten des Kindes sichtbar werden, muss der Erwachsene die sich *offenbarenden* Bedürfnisse deuten können: »Wie durch eine Ritze vermögen wir [die Erwachsenen, d. V.] während der Empfänglichkeitsperiode des Kindes in dessen werdendes Seelenleben hineinzublicken« (Montessori 2009: 71).

Nach Montessori ist das Kind aber nur in einer bestimmten Lebensspanne sensibel für bestimmte Reize, die es für seine Entwicklung existenziell benötigt. Nach Ablauf einer sensiblen Phase, d. h. wenn sich das Zeitfenster wieder geschlossen hat, ist die Fähigkeit, etwas zu lernen, zwar potenziell noch vorhanden. Es kann jedoch sein, dass das Kind für sich in dem Lerngegenstand keine Notwendigkeit mehr sieht. Der Verlauf der *sensiblen Phasen* ist, so Montessori, nicht wiederholbar. Klingt eine Phase ab und damit das Interesse, eine spezifische Fähigkeit oder Kenntnis zu erwerben, können die Kinder sich diese zu einem späteren Zeitpunkt nur noch »mit reflektierender Tätigkeit, mit Aufwand von Willenskraft, mit Mühe und Anstrengung« (Montessori 2009: 69) aneignen. Eine solche Anstrengung führt dann – wie Montessori aus der Psychoanalyse ableitet – zu Frustrationen. Daher müsse es in der Erziehung darum gehen, Kinder »auf natürliche Weise« (Montessori 2009: 69) lernen zu lassen. Mit *Natürlichkeit* meint sie *Leichtigkeit*. Am Beispiel des Spracherwerbs wird dies deutlich: »Das Erlernen einer neuen Sprache nötigt den Erwachsenen zu harter Arbeit, und dennoch erreicht er niemals die Vollendung, mit der er seine in der Kindheit erworbene Muttersprache beherrscht« (Montessori 2009: 68). Montessori geht daher von einer bestimmten sensiblen Phase des Menschen für den Spracherwerb aus.

Begrenzte Zeitfenster

Zusammenfassend kann man sagen: In den einzelnen Phasen der geistigen, körperlichen und seelischen Entwicklung des Kindes lassen sich einander abwechselnde Interessengebiete und Sensibilitäten erkennen. Das Kind geht jeweils ganz bestimmten, im Mittelpunkt seiner Aufmerksamkeit stehenden Entwicklungsbedürfnissen nach. »Diese Phasen haben in der Persönlichkeitsentwicklung fortschreitenden Aufbaucharakter mit nicht umkehrbarer Richtung. Sie sind, so betrachtet, irreversibel, wenn auch einzelne Sensibilitäten in begrenztem Umfang förderbar bleiben« (Holtstiege 2000: 74).

Sensible Phasen

- sind Zeiten gesteigerter Empfänglichkeit, die vor allem in der Kindheit und Jugend auftreten
- sind von vorübergehender Dauer und zeitlich begrenzt
- lassen sich mit einem Zustand elektrischer Aufladung oder einem Scheinwerfer vergleichen, der einen bestimmten Bereich im Inneren des Kindes hell erleuchtet. Ist eine neue Errungenschaft gemacht, klingen Empfänglichkeit und Begeisterung wieder ab
- ermöglichen den leichten, schnellen, »natürlichen« Erwerb und Ausbau von Fähigkeiten und Fertigkeiten
- ermöglichen in der Regel sehr stabile Entwicklungsfortschritte
- ermöglichen eine optimale Entfaltung der im Menschen angelegten Entwicklungspotenziale
- lösen einander ab bzw. überlagern sich zeitlich
- sind daran zu erkennen, dass Kinder zeitweilig bevorzugte Aktivitäten aus innerem, unbewusstem Antrieb heraus mit hoher Intensität und großer Konzentration ausführen und sie häufig wiederholen.

Folgen der Nichtbeachtung sensibler Phasen

Werden *sensible Phasen* nicht hinreichend beachtet und pädagogisch angemessen berücksichtigt, kann dies negative Folgen für die weitere Entwicklung des Kindes haben:

1. Eine Nichtbeachtung seiner Bedürfnisse und Interessen führt oft zu Angst- oder Trotzreaktionen des Kindes, die von Erwachsenen fälschlicherweise als »Launen« interpretiert werden. Beispiel: Die Mutter ist morgens immer sehr in Eile. Im Kindergarten angekommen, zieht sie ihrem Kind die Jacke aus, statt zu warten, bis es sich selbstständig ausgezogen hat. Das Kind macht seiner Enttäuschung mit einem »Ich wollte aber ...« oder »Das kann ich doch schon alleine« Luft. Geschieht dies wiederholt, wird das Kind in seinem Streben nach Selbstständigkeit empfindlich gestört, mit vielleicht ungünstigen Folgen für seine Persönlichkeitsentwicklung. Für Montessori sind solche »Launen« oft ernst zu nehmende *Alarmzeichen der Seele*.

2. Wenn die Chance zum natürlichen Erwerb von Fähigkeiten zum idealen Zeitpunkt vertan wird, lassen sich verpasste Lerngelegenheiten mitunter nur noch mit erhöter Anstrengung und suboptimalen Ergebnissen nachholen. Sie können im Alter von 40 Jahren zwar noch das Skifahren erlernen, aber zu den Olympischen Spielen sollten Sie sich besser nicht mehr anmelden. In Fahrradkursen für Menschen in höherem Alter erlebt man, dass diese Technik sich irgendwann nicht mehr nebenbei erlernen lässt, während ein Kind, welches das Radfahren frühzeitig lernt, diese Fähigkeit wohl nie mehr verliert. Ähnliches lässt sich über den Spracherwerb sagen: Es ist bekannt, dass unter besonders günstigen Umständen – wie etwa bei einem langen Auslandsaufenthalt – eine weitere Sprache noch mit recht passablen (aber nie perfekten!) Ergebnissen erlernt werden kann.

3. Teilweise lassen sich Lerngelegenheiten gar nicht mehr nachholen. So müssen bestimmte Sinnesschädigungen zu einem bestimmten Zeitpunkt korrigiert sein. Wenn sich das Zeitfenster schließt, ist dies nicht mehr nachholbar. Auch die Befähigung der Inuit zur Unterscheidung zahlreicher Weißtöne oder mancher afrikanischer Volksstämme zur Bildung und Unterscheidung von Knacklauten bleibt für diejenigen unerreichbar, die nicht während der entsprechenden sensiblen Phase in der jeweiligen Umgebung aufgewachsen sind.

Montessori unterscheidet drei große Stufen in der Entwicklung des jungen Menschen, die jeweils von sechsjähriger Dauer sind:

- 0–6 Jahre
- 6–12 Jahre
- 12–18 Jahre

Für jede dieser Entwicklungsstufen nimmt sie noch einmal eine Unterteilung in zwei Unterphasen vor, wobei sie nur für die Entwicklung in den Unterphasen von 0–3 und 3–6 Jahren nähere Angaben macht. In jeder Entwicklungsstufe identifiziert sie sensible Phasen erhöhter Lernbereitschaften, die meist allgemeinerer Art sind. Andere Phaseneinteilungen nimmt sie etwa für die soziale und sittliche, sprachliche oder religiöse Entwicklung des Kindes vor. Sie folgert, dass sich solche Phasen »intrinsischer Motivation« gut dazu eignen, das Kind gemäß seinen individuell auftretenden Sensibilitäten durch erzieherische Hilfen zu fördern, indem man ihm Hilfe zur Selbstbildung gibt. Diese individuelle, vom einzelnen Kind ausgehende Perspektive ist letztlich die Grundlage für die freie Wahl der Arbeit als zentrales Prinzip der Montessori-Praxis.

Da auf die von Montessori beschriebenen Sensibilitäten in den entsprechenden Kapiteln dieses Buches noch genauer eingegangen wird, wollen wir uns an dieser Stelle mit einem groben Überblick begnügen. Dabei ist zu beachten, dass Phasenkonzepte immer orientierenden Charakter haben und Altersangaben keineswegs verabsolutierbar sind. Manche Sensibilitäten lassen sich zudem nicht nur einer Entwicklungsstufe zuordnen, sondern weisen zeitlich über sie hinaus. Auch treten sie nie statisch nebeneinander auf, sondern stehen mitunter in dynamischer Wechselbeziehung zueinander.

2.4 Die Entwicklungsstufen nach Montessori

Erste Entwicklungsstufe (0–6 Jahre)

Die ersten sechs Lebensjahre gelten Maria Montessori als »wichtigste Zeit des Lebens« (Montessori 2007: 20) und grundlegende Phase der Menschwerdung. In dieser formativen Periode vollbringt das Kind in einer Art Schöpfung, die fast »vom Nullpunkt ausgeht« (Montessori 2007: 21), einen wesentlichen Teil des personalen Selbstaufbaus. Da im Neugeborenen ja nicht schon das fertige, wenn auch verkleinerte Abbild des Erwachsenen vorliegt, ist sie der Auffassung, dass diese Stufe von elementarer Bedeutung für die Entwicklung geistiger Kompetenzen, der emotionalen Grundgestimmtheit sowie der gesamten basalen Persönlichkeit sei. Hier wird im günstigen Falle eine normale Entwicklung angelegt, während bei defizitären Bedingungen Notwendiges versäumt und Fehlentwicklungen angebahnt werden können.

Erste Unterphase (0–3 Jahre)

Diese unbewusst schöpferische Periode ist nach Montessori durch die Tätigkeit des *absorbierenden Geistes* gekennzeichnet, der die Art der Begegnung des Kindes mit der Welt bestimmt. Während die Erkenntnisprozesse des Erwachsenen vorwiegend auf bewusster Verstandestätigkeit und aktivem Zugriff auf sein Gedächtnis beruhen, verfügt das Kleinkind über eine *privilegierte Geistesform,* der allerdings Bewusstheit, kritische Reflexivität und willentliche Steuerung noch weitgehend fehlen. Diese Geisteskraft arbeitet, so Montessori, indem sie die Eindrücke fast unermüdlich wie ein Schwamm aufsaugt und ganzheitlich absorbiert. Sie ist stark emotional bestimmt, d. h. Bilder und Eindrücke wer-

Absorbierender Geist

den zusammen mit Empfindungen in einem unbewussten Gedächtnis, das Montessori als *mneme* (griech. »Gedächtnis«) bezeichnet, abgespeichert. Die Tatsache, dass das Kind auf diese Weise vielfältige Eindrücke absorbiert, die sich gewissermaßen in seinem Geist *inkarnieren* und diesen nachhaltig formen, hat gewisse Vorteile: Ein kleines Kind kann auf diese Weise recht leicht lernen und z. B. Verhaltensweisen von seinen Bezugspersonen unbewusst adaptieren. Auch der Erwerb der Erstsprache ist mühelos: Bis zum 6. Lebensjahr erhält ein Kind normalerweise keinen Sprachunterricht, kann sich aber in seiner Umgebung sehr gut verständigen. Andererseits können sich aber auch negative Erfahrungen ungefiltert und unverarbeitet niederschlagen und einen Menschen sein Leben lang prägen. Dies dürfte etwa dort der Fall sein, wo es einem Kind aufgrund prägender Erfahrungen in frühester Kindheit nicht gelingt, ein Urvertrauen bzw. eine optimistische Grundhaltung zum Leben zu entwickeln.

Nach Ansicht Montessoris lässt sich die Wirkweise des *absorbierenden Geistes*, etwa was die Leichtigkeit, Ganzheitlichkeit und Exaktheit anbelangt, mit der die Eindrücke aufgenommen werden, mit der eines Fotoapparates vergleichen. Offenbar müssen diese Bilder »in der Dunkelheit des Unbewußten verborgen bleiben und durch geheimnisvolle Sensibilitäten fixiert werden, ohne daß etwas davon nach außen sichtbar wird. Erst wenn diese geheimnisvolle Erscheinung sich vollzogen hat, kommt die schöpferische Erwerbung ans Licht des Bewußtseins und bleibt mit all ihren Einzelheiten unauswischbar darin verankert« (Montessori 1966a, 86).

> ## Der absorbierende Geist
> ist nach Maria Montessori eine unbewusste Geistesform des Kindes, die sich durch folgende Merkmale auszeichnet:
>
> - Sie besitzt schöpferische Kraft.
> - Sie baut die kindliche Persönlichkeit unter der Führung innerer Sensibilitäten auf.
> - Sie ist von begrenzter Dauer.
> - Sie nimmt in dem Maße ab, in dem das Bewusstsein zunimmt.
> - Sie ist stark bildhaft-ganzheitlich auffassend.
> - Sie arbeitet ohne Wertmaßstäbe.
> - Sie ist emotional bestimmt und daher verletzlich.
> - Sie ist fast unendlich aufnahme- und anpassungsfähig.
> - Sie ist leicht formbar.
> - Sie ist eine insgesamt privilegierte Geistesform.

Mit diesem Phänomen korrespondiert die *mneme,* in der das Absorbierte fixiert bleibt. Das Kleinkind verfügt über diese vitale, leib-seelische Gedächtnisform mit Sitz im Un-

bewussten, und erst im Alter von etwa drei bis vier Jahren ist »die Schwelle des bewuß-
ten Gedächtnisses« (Montessori 1966a, 41) erreicht. Die Wirkkraft des *absorbierenden
Geistes* nimmt in dem Maße ab, in welchem die Reflexionsfähigkeit des Kindes zunimmt.
Nach Montessori ist dies der Zeitpunkt, wenn es sich als Eigenwesen erkennt und beginnt,
durch die Aktivität der Hand die unbewusst gesammelten Eindrücke zu analysieren, um so
zu bewusster Selbst- und Welterkenntnis fortzuschreiten und seine Hände als »Werkzeug
der menschlichen Intelligenz« (Montessori 2007: 24) zu nutzen.

Weitere Kennzeichen dieser ersten Lebensjahre sind die Sensibilitäten für Bewegung, *Wichtige Sensibilitäten
Ordnung und Sprache, die weitgehend zeitgleich bestehen und komplex ineinanderwir-* *in dieser Phase*
ken. Die Sensibilität für Ordnung gilt Montessori als eine der wichtigsten und geheimnis-
vollsten *sensiblen Phasen*, denn das Kind sucht in seiner Umwelt unablässig nach geistigen Strukturelementen, die ihm als Kompass in der Welt dienen und Orientierung geben
können. So sind etwa geordnete und stabile Vertrauensbeziehungen eine gute Basis für
den Aufbau des Urvertrauens. Aber das Kind benötigt in dieser Entwicklungsstufe auch
zuverlässige Hilfen, Regelmäßigkeit und zeitliche Ankerpunkte, um sich in seiner Umgebung und Tagesstruktur zurechtzufinden. Da die Kenntnis der Beziehungen zwischen
den Dingen und Einsicht in Zusammenhänge etwas zum geistigen Besitz werden lässt,
ist Ordnung für das Kind wie der Boden, auf dem es steht. Ohne sie befände es sich nach
Montessori in der Lage eines Menschen, der Möbel besitzt, aber keine Wohnung, um sie
darin aufzustellen.

Zweite Unterphase (3–6 Jahre)

Um das dritte Lebensjahr vollzieht das Kind nach Montessori den Übergang *vom unbewussten Schöpfer zum bewussten Arbeiter*. Es erfolgt der Übergang von einer ganzheitlichen Weltaufnahme hin zu einer mehr analytischen Welterfassung. Das Kind strebt nach
Perfektionierung und Differenzierung bisher absorbierter Errungenschaften, z. B. im Hinblick auf Sprache und Bewegung. In dieser »Periode der ›aufbauenden Vervollkomm-
nung‹« (Montessori 2007: 150) sind Kinder sensibel für eine bewusstere Weltaneignung.
Durch entsprechende Betätigungen kommt es zunehmend zu einer Integration aller kindlichen Kräfte, die nun in stärkerem Maße als zuvor zweckmäßig zusammenwirken.

Überdies lässt sich in dieser Phase eine besondere Sensibilität für soziales Zusammenleben erkennen, da sich die Kinder jetzt gerne in freien Spielgruppen organisieren,
»verbunden durch geheimnisvolle Bande« (Montessori 2007: 209). Eine solche Gemeinschaft konstituiert sich aufgrund des unbewussten Zusammengehörigkeitsgefühls ihrer
Mitglieder, so dass Montessori von einer »Integration durch Kohäsion« spricht. Dement-
sprechend versteht sie unter *Kohäsionsgesellschaft* eine Verbindung, die sich »aus einem
spontanen Bedürfnis gebildet hat, geleitet durch eine innere Kraft und angeregt durch einen sozialen Geist« (Montessori 2007: 210). Dieser Empfänglichkeit will Montessori durch
die Ermöglichung der freien Gruppenbildung innerhalb altersgemischter Kindergemein-
schaften entsprechen.

2.4 Die Entwicklungsstufen nach Montessori

Zweite Entwicklungsstufe (6–12 Jahre)

Angesichts tiefgreifender Persönlichkeitsveränderungen bezeichnet Montessori das Alter von sechs bis zwölf Jahren als zweiten Abschnitt der Kindheit. In dieser insgesamt recht harmonischen und stabilen Entwicklungsphase sind drei Sensibilitäten für sie bedeutsam: das Bedürfnis des Kindes nach einer Erweiterung seines Aktionsradius, die Entwicklung von Abstraktionsvermögen und Vorstellungskraft sowie die Sensibilität für moralische Fragen.

Das Kind drängt nun verstärkt auf die Ausweitung seines räumlichen, sozialen und geistigen Horizontes. Da es meist vielseitig interessiert ist und etwas leisten möchte, sind ihm mannigfaltige Lerngelegenheiten anzubieten. Daneben gilt es, zahlreiche Sozialkontakte und eine größere Unabhängigkeit von der Familie zu ermöglichen, denn diese Phase markiert zugleich den *Übergang vom sozialen Embryo zum sozialen Neugeborenen*. Montessori verweist hier auf die Pfadfinderbewegung, die sich nach ihrer Überzeugung in besonderer Weise zur Befriedigung der sozialen Bedürfnisse eignet, da das Kind nun bereit und imstande ist, sich einer organisierten und gemeinsamen Idealen verpflichteten Vereinigung anzuschließen.

Soziale und moralische Entwicklung

Es bemüht sich nun verstärkt, allgemeinverbindliche Prinzipien kennenzulernen und zu beachten. Seine moralische Sensibilität äußert sich überdies in der Aufgeschlossenheit gegenüber der Frage nach Gut und Böse. Zunehmend sucht es nach Kriterien zur Bewertung eigener und fremder Handlungen. Da die Entwicklungsprozesse des moralischen und des sozialen Bewusstseins eng miteinander verknüpft sind, sollte das Kind während dieser für die ethische Grundorientierung fundamentalen Phase in lebendige Gemeinschaften eingebunden sein, denn die sittliche Erziehung sollte nach Montessori auf der Grundlage sozialer Erfahrungen erfolgen und rückgebunden sein an das Erleben von Beziehungen, die an das Gewissen appellieren.

Entwicklung der Abstraktionsfähigkeit

Überdies ist die Tatsache von Bedeutung, dass das Kind nun »geboren wird für das Problem von Ursache und Wirkung« und seine kognitive Entwicklung durch den Übergang vom Konkreten zum Abstrakten gekennzeichnet ist. Zunehmend möchte es das im wörtlichen Sinne Unfassbare begreifen und komplexe Zusammenhänge verstehen. Nach Montessori ist daher jetzt der Keim für die Wissenschaften zu legen, indem man Einsichten in elementare Strukturen vermittelt und im Rahmen der Kosmischen Erziehung zu der Erkenntnis verhilft, dass alles im Universum miteinander verbunden ist.

Dritte Entwicklungsstufe (12–18 Jahre)

Die dritte Entwicklungsstufe zeichnet sich durch starke psychische Veränderungen des Heranwachsenden aus und ist infolge nun auftretender Unsicherheiten, Ängste und Zweifel als recht labile Phase anzusehen. Ihr charakteristisches Merkmal ist die soziale Sensibilität in Verbindung mit einem ausgeprägten Bedürfnis nach Unabhängigkeit, aber auch nach Schutz und Geborgenheit. Vielfach tritt der Jugendliche gegenüber den Erwachsenen in Distanz, da er sich um ein neues Verhältnis zu sich selbst und den Mitmenschen bemüht. Dabei entwickelt er oftmals starke soziale Gefühle für einzelne Idole, gesellschaftliche Subgruppen oder für die ganze Menschheit, so dass Montessori hier wiederum von einer sozialen Wiedergeburt spricht.

Sie fordert Verständnis für die Situation und Bedürfnisse des Jugendlichen und warnt davor, ihn zu eng an die Familie zu binden. Er bedarf in dieser Phase größerer Freiheit zur Selbstfindung und Weiterentwicklung, so dass seine Freiräume angemessen zu erweitern sind. Eine Stärkung seines Selbstwertgefühls durch persönliche Erfolgserlebnisse und soziale Anerkennung erfährt er oftmals in der Gruppe der Gleichaltrigen. Angesichts oft beängstigender und nicht immer klarer zukünftiger Anforderungen hat der Jugendliche ein starkes Bedürfnis nach Verständnis, Geborgenheit und Sicherheit, das er ebenfalls in der Peergroup erfährt. Montessori will mit ihrer Erfahrungsschule des sozialen Lebens einen Ort schaffen, der diesen besonderen Bedürfnissen Rechnung trägt und wo die Jugendlichen ein Jugendleben nach ihren Vorstellungen gestalten können.

Suche nach der eigenen Identität

2.4 Die Entwicklungsstufen nach Montessori

3

»Dann höre ich nur noch auf mich ...«
Polarisation der Aufmerksamkeit und Stille

Eine wesentliche Entdeckung Maria Montessoris ist die sogenannte »Polarisation der Aufmerksamkeit« – eine tiefe Konzentration, die man bei Kindern in bestimmten Situationen beobachten kann. Dieses Kapitel zeigt, unter welchen Bedingungen dieses Phänomen zustande kommen kann, und beschreibt, welche Rolle es bei der Entwicklung der Persönlichkeit des Kindes spielt.

»Dann höre ich nur noch auf mich ...« – dieser Satz aus einem Interview mit einem 9-jährigen Mädchen bringt unserer Ansicht nach sehr treffend eine Entdeckung zum Ausdruck, mit der sich Maria Montessori zeitlebens beschäftigt hat: die Polarisation der Aufmerksamkeit, das sogenannte Montessori-Phänomen. Das Zitat verdeutlicht: Konzentration hängt zusammen mit dem subjektiven Erleben einer Situation und kann nur wenig von außen beeinflusst werden.

Tiefe Konzentration

Ein Mädchen arbeitet konzentriert mit Einsatzzylindern

Montessori macht diese Erkenntnis zu ihrem großen methodisch-didaktischen Thema. Sie beobachtet und analysiert: Die Polarisation der Aufmerksamkeit ist ein wertvolles *Bewusstseinsphänomen des Kindes*. Sie kann in freien Arbeitsphasen durch eine selbstgewählte Tätigkeit erfahren werden. Die Formulierung *Polarisation der Aufmerksamkeit* klingt aus heutiger Sicht vielleicht etwas sperrig – gemeint ist jedenfalls eine tiefe Form von Konzentration. Wir halten an diesem Begriff fest, weil er die Beziehung besonders eindrücklich macht, die das Kind zwischen einem Material, einer Tätigkeit oder einer Übung und sich selbst herstellt.

Die Polarisation der Aufmerksamkeit steht im Mittelpunkt der Montessori-Pädagogik, dieses Konzentrationsphänomen ist das Ziel aller pädagogischen Bemühungen. Die Reformpädagogin ist zeit ihres pädagogischen Wirkens damit befasst, Bedingungen herauszuarbeiten, die das Entstehen jener tiefen Konzentration begünstigen. Montessori berichtet: »Die ganze Kunst der Lehrer bestand im Grunde darin, die Aufmerksamkeit der Kinder vorzubereiten, daß sie ihren Unterricht *erwarten* und die Mitarbeit jener inneren Kräfte gewinnen, die die ›Türe öffnen‹ müssen, wenn sie ›anklopfen‹« (Montessori 2008: 150).

Dieses Bestreben basiert auf folgender Entdeckung:

Entdeckung des Phänomens

»Als ich meine ersten Versuche unter Anwendung der Prinzipien und eines Teils des Materials, die mir vor vielen Jahren bei der Erziehung Schwachsinniger geholfen hatten, mit kleinen Kindern in S. Lorenzo durchführte, beobachtete ich ein etwa dreijähriges Mädchen, das tief versunken war in die Beschäftigung mit einem Einsatzzylinderblock, aus dem es die kleinen Holzzylinder herauszog und wieder an ihre Stelle steckte. Der Ausdruck des Mädchens zeugte von so intensiver Aufmerksamkeit, daß er für mich eine außerordentliche Offenbarung war. Die Kinder hatten bisher noch nicht eine solche auf einen Gegenstand fixierte Aufmerksamkeit gezeigt. Und da ich von der charakteristischen Unstetigkeit der Aufmerksamkeit des kleinen Kindes überzeugt war, die rastlos von einem Ding zum anderen wanderte, wurde ich noch empfindlicher für dieses Phänomen. Zu Anfang beobachtete ich die Kleine, ohne sie zu stören, und begann zu zählen, wie oft sie die Übung wiederholte, aber dann, als ich sah, daß sie sehr lange damit fortfuhr, nahm ich das Stühlchen, auf dem sie saß, und stellte Stühlchen und Mädchen auf den Tisch; die Kleine sammelte schnell ihr Steckspiel auf, stellte den Holzblock auf die Armlehnen des kleinen Sessels, legte sich die Zylinder in den Schoß und fuhr mit ihrer Arbeit fort. Da forderte ich alle Kinder auf zu singen; sie sangen, aber das Mädchen fuhr unbeirrt fort, seine Übungen zu wiederholen, auch nachdem das Lied beendet war. Ich hatte 44 Übungen gezählt; und als es endlich aufhörte, tat es dies unabhängig von den Anreizen der Umgebung, die es hätten stören können; und das Mädchen schaute zufrieden um sich, als erwachte es aus einem erholsamen Schlaf« (Montessori 2008: 69 f) (Hinweis: Diese Beschreibung ist an vielen Stellen zu finden, u. a. auch in Montessori 2009: 167 f).

Diese Entdeckung ist in die Zeit um 1907 einzuordnen, als Montessori ihrer experimentellen Arbeit mit Kindern zwischen drei und sechs Jahren in der ersten *Casa dei bambini* nachgeht und vermutet, dass ein Zusammenwirken von Sinnestätigkeit, Bewegung und wiederholenden Übungen eine spezifische Konzentration hervorruft, die nicht nur *intellektuelle* Kräfte des Kindes aktiviert, sondern auch seine *psychisch-seelische* Entwicklung beeinflusst. Polarisation der Aufmerksamkeit ist also ein Bildungsgeschehen, das den Menschen ganzheitlich anspricht.

Montessori ist fasziniert und beobachtet: »Und jedes Mal, wenn eine solche Polarisation der Aufmerksamkeit stattfand, begann sich das Kind vollständig zu ändern. Es wurde ruhiger, fast intelligenter und mitteilsamer. Es offenbarte außergewöhnliche innere Qualitäten, die an die höchsten Bewusstseinsphänomene erinnern, wie die der Bekehrung« (Montessori 2008: 70).

Frage nach den Bedingungen

Diese Entdeckung in San Lorenzo prägt Montessoris pädagogische Arbeit. Sie fragt nach den Bedingungen für das Einsetzen einer Form tiefer Konzentration. Welche Arbeitsbedingungen – dazu gehören geeignete Materialien, eine Umgebung und das Beziehungsgefüge zwischen der Erzieherin bzw. der Lehrerin und dem Kind bzw. dem Schüler – begünstigen den Prozess der Polarisation der Aufmerksamkeit? Um diese Frage beantworten zu können, geben wir zunächst einen Überblick über die einzelnen Phasen des Phänomens.

3.1 Die Phasen der Polarisation der Aufmerksamkeit

Die Polarisation der Aufmerksamkeit vollzieht sich in drei Phasen, die insgesamt einen als Einheit zu betrachtenden Arbeitszyklus bilden: »die ›vorbereitende Stufe‹, die ›Stufe der großen Arbeit‹, die mit einem Gegenstand der äußeren Welt im Zusammenhang steht, und eine dritte, die sich nur im Inneren abspielt und die dem Kinde Klarheit und Freude verschafft« (Montessori 1992: 52 f). Das Erleben von Polarisation der Aufmerksamkeit ist nicht auf eine bestimmte Institution beschränkt. Was Montessori mit dem Phänomen meint, erleben Sie vielleicht genauso zu Hause, wenn Sie Ihr Kind dabei beobachten, wie es den Mülleimer ausräumt, das Altpapier sortiert, die Schuhe stapelt oder bastelt, musiziert usw. Wir sprechen daher abwechselnd von Schülern und Kindern, Erzieherinnen und Lehrerinnen.

Drei Phasen

Die folgende Graphik dient der Visualisierung der einzelnen Phasen der Polarisation der Aufmerksamkeit hinsichtlich des Konzentrationsgrads.

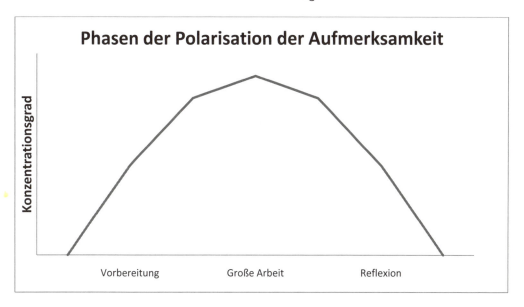

Phase 1: Vorbereitende Stufe oder individuelle Vorbereitung

Ein Kind fällt nicht plötzlich in den Zustand tiefer Konzentration. Jedes Kind hat bestimmte Bedürfnisse, die es dazu führen, dass es seinen Arbeitsplatz in einer bestimmten Weise vorbereitet. Die Materialien, aber auch der Ort und die Stimmung gehören zu diesem Akt der Vorbereitung. Das Kind muss Gelegenheit haben, seinen Arbeitsplatz gemäß seiner Bedürfnisse adäquat herzurichten.

Es räumt seinen Platz auf, um selbst einer Ablenkung von der Arbeit vorzubeugen. Anschließend entscheidet sich das Kind für ein Material oder Thema, mit dem es sich in der Freiarbeitsphase beschäftigen möchte. Auf (s)einem Tisch oder einem Teppich baut es das gewählte Material auf.

Das Kind entscheidet sich für eine der Arbeit angemessene Sozialform. Es beurteilt selbst, ob es in Einzel-, Partner- oder Gruppenarbeit arbeiten möchte, sofern die Sozialform nicht durch das Material vorgegeben ist. Das Kind informiert sich bei seinen Mitschülern oder der Lehrerin über den Umgang mit dem gewählten Material, falls es selbst nicht weiß, wie es arbeiten soll.

Phase 2: Die »große Arbeit« oder die Zeit des Übens

Nach der Vorbereitung wendet sich das Kind dann dem gewählten Material zu. Es arbeitet über einen längeren Zeitraum hinweg sehr intensiv und ausdauernd. Das Kind geht konsequent und vertiefend einer Tätigkeit nach. Diese Phase ist geprägt von einer konzentrierten Beschäftigung mit der selbstgewählten Arbeit. Charakteristisch dabei sind das experimentelle Ausprobieren des Materials und das wiederholende Üben einer Tätigkeit.

Montessori vertritt die Position: »Es gibt tiefe Bedürfnisse, bei denen der Mensch allein mit sich selbst sein muß, getrennt von allem und allen, hingegeben einer geheimnisvollen Arbeit. [...] Diese Sammlung, die man durch die Loslösung von der äußeren Welt gewinnt, muß von unserer Seele selbst ausgehen, und die Umgebung kann nur durch Ordnung und Ruhe günstigen Einfluß ausüben« (Montessori 1992: 42).

Das Kind setzt sich aktiv-entdeckend mit dem Material auseinander. Es übt und wiederholt je nach Bedarf seine Aufgaben. Eine Tätigkeit wird erst beendet, wenn das Kind innerlich gesättigt ist.

Charakteristisch für diese Phase ist, dass das Kind sich nicht mehr von äußeren Reizen, die nicht mit seiner gegenwärtigen Tätigkeit in Verbindung stehen, ablenken lässt. Die Konzentration ist vollkommen auf die Arbeit gerichtet.

Phase 3: Ruhe und Reflexion

Montessori beschreibt diese Phase als die Phase ›Ruhe und Reflexion‹, als die Phase ›nach der großen Arbeit‹ sowie als kontemplative Periode. Kontemplation meint die innere Schau des Numinosen. Das Kind macht eine gedankenvolle Pause und sinnt über die Erkenntnisse nach, die es in der Arbeit mit dem Material gemacht hat.

Anders als die beiden anderen lässt sich diese Phase kaum beobachten, da sie sich im Inneren des Kindes abspielt. »Dann höre ich nur noch auf mich ...«, wie unsere Interviewpartnerin treffend formulierte.

Das Kind genießt seine Arbeit, lässt seine Eindrücke sacken, überdenkt seine Entdeckungen und ordnet sein neuerworbenes Wissen und seine neuerworbenen Fähigkeiten ein.

Insgesamt ähneln die Phasen der Polarisation der Aufmerksamkeit meditativen Übungen. Das Kind geht in den selbstgewählten Tätigkeiten auf und erfährt Bestätigung, Anerkennung und eine tiefe innere Zufriedenheit.

3.2 Wann entsteht die Polarisation der Aufmerksamkeit?

Dieses Bewusstseinsphänomen entsteht in Arbeitsphasen, in denen folgende Bedingungen gegeben sind:

- freie Wahl des Materials und der Tätigkeit
- Bereitstellung einer geeigneten Umgebung
- vertrauensvolle Arbeitsatmosphäre

Außerdem ist vorausgesetzt, dass sich das Kind konzentrieren möchte, innerlich bereit ist und einen starken Willen hat.

3.3 Auswirkungen der Polarisation der Aufmerksamkeit

Die Auswirkungen solcher Phasen konzentrierter Tätigkeit können wie folgt zusammengefasst werden:

- Stärkung der individuellen Persönlichkeit
- Schulung der Sinne
- Wahrnehmung der Welt
- Befolgen einer »inneren Antriebskraft«
- Erfahrung der Stille
- Glauben an die Prinzipien des Lebens
- Erfahrung des Religiösen

Im Detail lassen sich die Auswirkungen solcher Phasen auch so beschreiben:

Lernmotivation und »Aufgehen im Tun«
Tiefe Konzentration führt zu einer Reorganisation des bestehenden Wissens. Der »gelungene Abschluß einer Arbeit spornt zu weiteren Leistungen an und fördert die Ausbildung

intrinsischer Motivation nachhaltig« (Klein-Landeck 2009b: 36). Freude und innere Beteiligung an einer Tätigkeit sind Grundvoraussetzungen für den Lernprozess. Der in Chicago lehrende Psychologe Mihaly Csikszentmihalyi beschreibt jene innere Beteiligung an Lernprozessen – ebenso wie Montessori – als ein Aufgehen »im Tun« (Csikszentmihalyi 1991: 19). Er verwendet für jene *Selbstvergessenheit in der Tätigkeit* den Begriff *Flow*.

Ausblenden von unangenehmen Gefühlen

Als weitere Auswirkung kann das »*Vergessen von unangenehmen Dingen*« (Fischer 1999: 69) genannt werden. Diese »unangenehmen Dinge« beziehen sich auf Faktoren, die mit der Arbeit und Tätigkeit an sich nicht viel gemein haben, diese aber dennoch negativ beeinflussen könnten, wie beispielsweise Leistungsdruck und persönliche Probleme.

Veränderung des Zeitgefühls

Die Zeit wird in den einzelnen Phasen tiefer Konzentration gewissermaßen zu etwas Unbestimmtem. Lange Zeiträume erscheinen als kurz und umgekehrt. Die Aufmerksamkeit des Kindes ist nicht auf die Zeit gerichtet, sondern auf die Tätigkeit bzw. seine Arbeit.

»Sich abschließen können von der Welt«

Montessori betont immer wieder das meditative Moment, das Aufgehen in einer selbstgewählten Tätigkeit. Das intensive Umgehen mit Materialien und mit Inhalten, die das Kind interessieren, hilft ihm, störende Einflüsse von außen auszuschalten.

Charakterbildung durch Normalisation

Als eine weitere entscheidende Auswirkung dieses Bewusstseinsphänomens beschreibt Montessori die sogenannte »Normalisation« (als Gegensatz zur »Deviation«).

Der Begriff der Normalisation meint den Prozess, »der zum Zustand des Gleichgewichts in der Persönlichkeitsorganisation führt« (Klein-Landeck 2009b: 37). Aus heutiger Perspektive klingt dieser Begriff missverständlich. Normalisation hat nichts gemein mit einer normativen Pädagogik oder einer gesellschaftlichen Forderung, »normal« zu sein (was immer man darunter verstehen mag). Montessori spricht ein anderes Ziel der Erziehung an: »In ihrer Sicht ist ein Kind ›normalisiert‹, wenn es sich von fremden Normen befreit und sich im Einklang mit seiner Person entwickelt – in heutiger Sprache: Wenn es ein stimmiges Selbstkonzept gefunden hat und dies auch ausleben kann« (Berg 2002: 26).

Deviates versus normalisiertes Verhalten

Montessori unterscheidet zwischen zwei Möglichkeiten in der Entwicklung des Kindes. Zum einen beschreibt sie Kinder, die in ihrer Entwicklung dadurch gehemmt werden, dass in der Erziehung natürliche Bedürfnisse des Kindes übersehen oder unterdrückt werden. Diese Kinder zeigen ihrer Beobachtung nach ein deviates (d. h. abweichendes) Verhalten. Zum anderen spricht sie von normalisierten Kindern, die sich frei entwickeln können, und zwar dadurch, dass ihnen die Möglichkeit gegeben wird, ihren Bedürfnissen und Interessen nachzugehen und die Polarisation der Aufmerksamkeit zu erleben. Ein deviates Verhalten äußert sich in Launenhaftigkeit, Faulheit, Streitsucht, Besitzstreben usw. Ein normalisiertes Kind, das die Erfahrung gemacht hat, dass seine Interessen wertgeschätzt werden, kann seine Individualität entfalten. (Zu den Kennzeichen des normalisierten Kindes siehe die folgende Übersicht.)

Kennzeichen des normalisierten Kindes

- **wirkt ausgeruht**
- **wirkt innerlich gestärkt**
- **wirkt zufrieden**
- **wirkt in sich ruhend**
- **wirkt umsichtig**

Normalisation drückt sich aus durch

- **Ordnungsliebe**
- **Arbeitsliebe**
- **Spontane Konzentration**
- **Liebe zur Wirklichkeit**
- **Liebe zur Stille und zur Einzelarbeit**
- **Gehorsam**
- **Unabhängigkeit und Initiative**
- **Freude**
- **Selbstdisziplin**

(vgl. auch Standing 1959: 113 ff)

Diese Punkte erheben nicht den Anspruch auf Vollständigkeit. Letztlich bleibt es eine subjektive Einschätzung, ob ein Kind als normalisiert gelten kann.

Montessori betrachtet, wie bereits erwähnt, die tiefe Konzentration und deren Auswirkungen als einen bedeutenden Teil der Charakterbildung des Kindes. Das normalisierte, also das (wieder) psychisch gesunde Kind soll in der Lage sein, moralisch und sozial verantwortlich zu handeln.

Montessori argumentiert: »Nur die normalisierten, von der Umgebung unterstützten Kinder offenbaren in ihrer sukzessiven Entwicklung die wunderbaren Fähigkeiten, die wir beschreiben: die spontane Disziplin, die ständige freudige Arbeit, die sozialen Gefühle der Hilfe und des Verständnisses für die anderen. Die Aktivität zur ›freien Wahl der Beschäftigung‹ wird zur ständigen Lebensweise. Die Genesung ist der Beginn einer neuen Lebensform« (Montessori 2007: 119).

Weitere Auswirkungen der Polarisation der Aufmerksamkeit, die mit den genannten Merkmalen des normalisierten Kindes in einem Zusammenhang stehen, lauten:

3.3 Auswirkungen der Polarisation der Aufmerksamkeit

Selbstbild durch Selbstbildung: »Hilfe zum Aufbau der Mitte«

Montessori sieht im Phänomen der Polarisation der Aufmerksamkeit eine Möglichkeit für das Kind, sich selbst zu bilden, zum »Aufbau einer Mitte« zu gelangen. Das Bedürfnis nach Bildung ist nach ihrer Auffassung ebenso natürlich und existenziell wie das nach Nahrung und Schlaf (vgl. Montessori 1992: 43).

Die Selbstbildung des Kindes zeigt sich nach Montessori in Phasen der Konzentration bzw. Polarisation der Aufmerksamkeit, die das Kind durch eine selbstgewählte Aktivität und Handlung erlebt. Es erschließt sich die Welt.

Aufbau einer Persönlichkeit

Montessoris Ausführungen zum Prozess der Selbstbildung münden schließlich in die Feststellung: Das Kind ist »nicht nur zu einer inneren Konzentration hingezogen, sondern behält schließlich für immer die Haltung des Denkens, des inneren Gleichgewichts, einer dauernden Aufmerksamkeit seiner Umgebung gegenüber. Damit wird es zu einer Persönlichkeit« (Montessori 2008: 103). Der Aufbau der Persönlichkeit des Kindes hängt für Montessori also direkt zusammen mit seiner Selbstbildung.

Religiöse Erfahrung – »Sammlung der Seele«

Montessori beschreibt das Erleben der Polarisation der Aufmerksamkeit als Sammlung der Seele. Diese Sammlung gelingt durch ein Loslassen, durch ein Sich-Freimachen von äußeren Eindrücken und als ein »Versenken der Seele in sich selbst« (Montessori 1992: 42). Diese Fähigkeit ist bei Kindern besonders ausgeprägt. Die Polarisation der Aufmerksamkeit ist ein Weg in die Meditation (vgl. Pütz 2006).

3.4 Stille erfahren in der Polarisation der Aufmerksamkeit

Eine Lern- und Arbeitsatmosphäre, die den Menschen bildet, geht häufig einher mit einer gewissen Ruhe und Stille. Stille ist nach Montessori das Fundament des Lernens. Sie führt im Gegensatz zum Lärm nicht zur Überreizung. Sie gibt Raum für die Hingabe an eine Tätigkeit, lässt Raum für eine innere Erfahrung.

Innere Stille

Eine wesentliche Erfahrung bzw. Auswirkung der Polarisation der Aufmerksamkeit ist die Stille. Eine Stille, wie sie hier verstanden wird, lässt sich nicht verordnen, sie entsteht durch die konzentrierte, bedürfnisorientierte Arbeit des Kindes. Sie ist Ausdruck einer Arbeit, die das Kind selbst gewählt hat. Stille ist nach Montessori also mehr als das Weglassen von Geräuschen. Gemeint ist eine innere Stille. Oft geht diese einher mit geistiger Konzentration und seelischer Entspannung in der Freiarbeit, in der die Kinder und Jugendlichen das »Hören auf die eigene Stimme« üben. Stilleübungen sind hier verstanden als spirituelle Lernwege. Das Aussuchen eines Materials, das Sich-Einlassen auf einen Inhalt, das wiederholende Üben führt die Kinder zur Sammlung und Konzentration. »In der Stille stört mich niemand, und da kann ich bei mir sein«, äußert Hannah in der Reflexion über ihre Erkenntnisse aus der Stille. Das Erleben von echter Stille ist heute zu einem aktuellen Thema geworden. Montessori wird in diesem Zusammenhang häufig zitiert, weil sie der Stille in ihrer pädagogischen Arbeit einen besonderen Raum gegeben hat.

Stille erleben: Gehen auf der Linie

Eine beliebte Stillemeditation ist die nach Montessori benannte Übung: »*Gehen auf der Linie*«. Im Gruppenraum wird mittels Kreppklebeband eine große Ellipse auf den Fußboden »gezeichnet«. Die Kinder stellen sich hintereinander auf diese Linie und gehen – sobald ein akustisches Signal (Klangstab) ertönt – diese entlang.

Die vorher getroffenen Vereinbarungen – wie das »Abstandhalten« und das »Nicht-Reden« – sind notwendig für das Gelingen dieser Übung. Die Kinder finden nach einiger Zeit einen gleichmäßigen Schritt; ein Rhythmus des ruhigen Gehens stellt sich ein. Wenn erneut ein akustisches Signal ertönt, erhält jedes Kind ein kleines Glöckchen, das bei der Fortsetzung der Übung nicht klingeln darf (Variation 1). Bis in dem Kreis absolute Stille eintritt, dauert es einige Minuten. Die Kinder werden durch das Klingen aufgefordert, noch vorsichtiger und ruhiger zu gehen, und sind sehr akribisch darauf bedacht, zunächst Ruhe zu erzeugen bzw. andere Kinder nicht zu stören. Wiederum auf ein akustisches Signal hin werden die Glöckchen gegen eine Feder (Variation 2), die auf der flachen Hand getragen wird, oder auch gegen eine leuchtende Kerze (Variation 3) ausgetauscht.

Kinder bei der Übung »Gehen auf der Linie«

4

»Wer erziehen will, muss erzogen sein«
Der Vorbereitete Erwachsene und die neue Erzieherpersönlichkeit

Auch wenn die eigene Tätigkeit des Kindes in der Montessori-Pädagogik besonders betont wird – der Erzieher oder die Lehrerin sind deshalb nicht weniger wichtig. In diesem Kapitel geht es darum, welche Eigenschaften und Haltungen Pädagogen mitbringen müssen, welche Vorbereitung notwendig ist und was sie tun können, um den Lernprozess bei den Kindern optimal zu fördern.

Wer sich einmal einen kleinen Eindruck vom Unterrichtsalltag zu Lebzeiten Maria Montessoris verschaffen will, dem sei der Besuch eines der zahlreichen Schulmuseen empfohlen, in denen die »alte Schule« des Kaiserreichs im Rollenspiel nachempfunden werden kann. Strenge Lehrer geben im Takt ihres Stockes den Rhythmus der Arbeit vor und brüllen ihre Kommandos durch die Bankreihen. Bei den Kindern regieren Angst und Anspannung, und die Wirkungen einer Erziehung zum gehorsamen, frommen Untertanen werden anschaulich sichtbar.

Auch Klassiker der deutschen Literatur wie etwa *Frühlings Erwachen* von Frank Wedekind, *Unterm Rad* von Hermann Hesse oder *Der Schüler Gerber* von Friedrich Torberg lassen erahnen, wie Schüler vor gut 100 Jahren oftmals unter der Schule und ihren Lehrern gelitten haben.

Maria Montessori spricht schon damals davon, dass die Beziehung zwischen Kindern und Erwachsenen nicht nur in den Schulen, sondern in allen Erziehungseinrichtungen und in den Familien durch stark autoritär geprägte Strukturen belastet ist. Sie beklagt in diesem Zusammenhang oft den damit verbundenen *Kampf*, der in erster Linie auf einem fehlenden Verständnis der Eltern bzw. Lehrer und Erzieher für die Interessen und Lernbedürfnisse der jungen Menschen beruhe.

Der alte Schulmeister
Wilhelm Buschs Lehrer Lämpel in »Max und Moritz« (1865)

Autoritäre Strukturen der »alten Schule«

»Der Erwachsene ist voller Begriffe, vorgefaßter Meinungen« (Montessori 1989: 10).

Der Erwachsene, sagt Montessori, sei in seinem pädagogischen Handeln egozentrisch. Er beurteile das Kind stets nur nach seinen Maßstäben und sei nicht bereit, sich auf die Perspektive des Kindes einzulassen. Er maße sich überdies an, *Schöpfer der kindlichen Persönlichkeit* zu sein, und glaube: »Er alleine mache es intelligent, gut und fromm, er alleine verschaffe ihm die Möglichkeit, mit Umwelt, Menschen und Gott in Fühlung zu kommen« (Montessori 2009: 211).

Perspektive des Kindes

Montessori plädiert demgegenüber für mehr Bescheidenheit und Zurückhaltung. Sie fordert, dass sich die Struktur der Erziehung grundsätzlich ändern müsse: Der Erwachsene solle seine Machtansprüche zurückschrauben, hinter das Kind zurücktreten und eine zweite Stelle einnehmen. Statt sich als Schöpfer aufzuspielen, solle er sich in Bescheidenheit üben und sich vielmehr als *Diener der Schöpfung* verstehen. Mit ihrer *Pädagogik vom Kinde aus* will Montessori ein radikales Umdenken in der Erziehung erreichen und dabei das Kind in den Mittelpunkt aller pädagogischen Bemühungen stellen.

Was sich aus heutiger Perspektive so selbstverständlich anhören mag, ist es doch keineswegs. Man bedenke nur, wie viele bildungspolitische Entscheidungen – etwa über

Aktualität von Montessoris Kritik

die Verkürzung der Schulzeit bis zum Abitur, die Zusammenlegung von Schulformen oder die Einführung neuer Fächer – nicht in erster Linie mit Blick auf die Kinder getroffen werden, sondern anderen Vorgaben und Zielen geschuldet sind. Und was Montessoris Kritik an autoritären Machtansprüchen Erwachsener gegenüber Kindern angeht, lohnt es sich, darüber nachzudenken, inwieweit diese tatsächlich heute partnerschaftlichen Umgangsformen gewichen sind. Werden Kinder nicht immer noch häufig durch egozentrische Handlungsweisen von Erwachsenen – nun mit umgekehrten Vorzeichen – in ihrem kindlichen So-sein eingeschränkt bzw. missachtet? Kinder beispielsweise, die in (zerrütteten) Familien als Partnerersatz dienen und Verantwortung übernehmen müssen, der sie noch nicht gewachsen sind, oder die frühzeitig in die Rolle junger Erwachsener gedrängt werden und so ihre Kindheit einbüßen.

Maria Montessori geht es darum, das erzieherische Verhältnis vom Kopf auf die Füße zu stellen und völlig neue Erziehungsformen zu finden. Sie fordert, wie das folgende Zitat belegt, eine *Verteilung des Erziehungswerkes* auf den Erwachsenen und die Umgebung.

»Die Vorbereitung der Umgebung und die Vorbereitung des Lehrers sind das praktische Fundament unserer Erziehung« (Montessori 1965: 21).

Das bedeutet in erster Linie eine Praxis indirekter Erziehung, bei der die Erwachsenen dem Kind helfen, *es selbst zu tun,* wie das bekannte Motto der Montessori-Pädagogik lau-

Das Bild vom Erzieher – Gärtner oder Bildhauer
aus: Herbert Gudjons (2008): Pädagogisches Grundwissen, 10. Aufl., Bad Heilbrunn: Julius Klinkhardt Verlag

tet. Bei Montessori münden solche Forderungen an Lehrer und Erzieher gerne in plakative Aussagen wie: »Er muß passiv werden, damit das Kind aktiv werden kann« (Montessori 1965: 21). Allerdings ist dem Erwachsenen damit keineswegs, wie fälschlicherweise bisweilen angenommen wird, ein Freibrief für das pädagogische Nichtstun ausgestellt. Ganz im Gegenteil! Man muss wissen, dass die Erzieherrolle im Verständnis Maria Montessoris sehr anspruchsvolle Qualitäten und Kompetenzen sowie eine Vielzahl unterschiedlicher Anforderungen und Aufgaben umfasst.

Profil der Erzieher-rolle

Neben einer angemessenen Allgemeinbildung sind die solide fachliche Qualifikation und die pädagogische Grundausbildung für Maria Montessori in dieser Hinsicht wichtige Voraussetzungen. Differenziertere Überlegungen als darüber stellt sie jedoch im Hinblick auf die innere Einkehr, das pädagogische Selbstverständnis, die Grundhaltung und die persönlichen Eigenschaften der *neuen Erzieherin,* Lehrerin oder Leiterin an. Diese werden nachfolgend erläutert und um die zentralen Aufgaben und Funktionen des Pädagogen in der Freiarbeit ergänzt.

4.1 Reflexion des pädagogischen Selbstverständnisses

Entscheidend ist für Montessori die *innere Einkehr,* d. h. die Selbstreflexion des Erwachsenen im Hinblick auf seine Rolle als Pädagoge, für die das Nachdenken über das eigene Menschenbild unabdingbar ist. Dabei muss er u. a. Antworten auf folgende Fragen finden:

- Welches Bild vom Kind, seinem Wesen, seinen Bedürfnissen, seiner Entwicklung und welche Vorstellung vom kindlichen Lernen habe ich?
- Betrachte ich das Kind als *leeres Gefäß,* das es nach dem Modell des Nürnberger Trichters zu füllen gilt?
- Oder ist es – mit Montessori gesprochen – *Baumeister seiner selbst* bzw. Akteur seiner eigenen Entwicklung, wie wir heute sagen?
- Wo sehe ich meine Aufgaben und Grenzen als Vater oder Mutter, Erzieherin oder Lehrer?
- Bin ich nach dem Modell des *Bildhauers* derjenige, der das Kind formt und seine Persönlichkeit prägt?
- Mache ich junge Menschen zum Objekt der Belehrung, treffe ich alleine alle methodisch-didaktischen Entscheidungen und lenke den Unterricht?
- Oder verstehe ich mich, nach dem Modell des *Gärtners,* als derjenige, der für gute Bedingungen sorgt, damit sich die im Kind vorhandenen Anlagen entfalten können?
- Gebe ich den Kindern Raum für freie Entscheidungen und ermögliche ich ihnen, sich selbstständig Wissen anzueignen und ihre Leistungen einzuschätzen?

4.1 Reflexion des pädagogischen Selbstverständnisses

Für Montessori steht fest, dass diese Form der kritischen Selbstreflexion professioneller Begleitung und Unterstützung bedarf – womit sie indirekt schon die Forderung nach Supervision und Lerncoaching vorwegnimmt, die heute aus dem pädagogischen Alltag kaum noch wegzudenken sind.

4.2 Pädagogische Grundhaltungen und persönliche Eigenschaften

Die Grundhaltung eines Montessori-Pädagogen muss sich durch eine Reihe von Eigenschaften und Qualitäten auszeichnen: Zunächst gilt es, charakterliche Grundfehler wie Zorn, Stolz und Hochmut abzulegen. Für Montessori ist nämlich derjenige nicht für den Erzieherberuf geeignet, »der glaubt, daß er die Seele des Kindes bilden, ihm Charakter, Intelligenz und Tugend geben könne« (Montessori 1965: 36). Statt bei den Kindern immer zuerst auf Fehler und Defizite zu schauen, sollte man vor allem ihre Stärken und ihr Können beachten und weiter fördern.

An das Gute im Kind glauben

Montessori fordert eine **Grundhaltung der Liebe,** die sich durch gesunden Optimismus auszeichnet und den Erwachsenen an das Gute im Kind glauben lässt. Diese Liebe macht nach Montessoris Auffassung einen Pädagogen zum *Sehenden*, der das Kind realistisch betrachtet und wertschätzt und dessen Blick nicht durch Vorurteile und »Scheuklappen« getrübt ist. Untersuchungen zum sog. *Pygmalion-Effekt*[3] zeigen ja, welche negativen Wirkungen es auf die Entwicklung von Menschen haben kann, wenn man ihnen wenig zutraut und in erster Linie auf ihre Schwächen schaut. Häufig bewirken solche wiederholt vorgetragenen Erwartungen an ein bestimmtes Verhalten geradezu, dass dieses nun im Sinne einer sich selbst erfüllenden Prophezeiung genau so eintritt.

Weitere wichtige Eigenschaften und Haltungen einer *neuen Erzieherin* sind nach Montessori eine gewisse **Demut** sowie **Respekt** und **Achtung** vor Kindern. Dabei bemüht sie oft das etwas missverständliche Bild des guten Dieners. Wenn sie etwa sagt: »Er hält die Bürsten des Herren in Ordnung, aber er sagt ihm nicht, wann er sie benutzen soll« oder: »Der Diener stört den Herrn nicht, wenn dieser allein ist; wenn dieser ihn jedoch ruft, wird er kommen, um zu hören, was gewünscht wird« (Montessori 2007: 253), dann klingt dies in unseren Ohren etwas altertümlich.

Allerdings geht es ihr, wie man deutlich sieht, keineswegs um übertriebenes Bedienen und Verwöhnen des Kindes, durch das man ihm abnimmt, was es selber erledigen kann und will. Auch soll niemand dem kleinen Prinzen alles hinterhertragen. Vielmehr fordert

---

3 Untersuchungen des US-Psychologen Robert Rosenthal aus dem Jahre 1965 haben gezeigt, dass sich positive Leistungserwartungen von Lehrkräften tatsächlich in besseren Leistungen niederschlagen können, wenn die Schüler diese Erwartungen, die oft mit verstärkter Zuwendung und Förderung einhergehen, unbewusst verinnerlichen und die Einschätzung des Lehrers übernehmen. Dieser Effekt wird als Rosenthal- oder Pygmalion-Effekt bezeichnet.

Montessori ausdrücklich dazu auf, *Diener des kindlichen Geistes* zu sein. Mit großer Wertschätzung und Achtung vor der Selbstbildungskraft des Kindes soll der Erwachsene dem Kind geben, was es benötigt, um *es selbst zu tun,* d. h. Dinge zu erkunden und auszuprobieren, aktiv seine Entdeckungen und Eroberungen zu machen, kurzum: selbstständig zu werden.

Der Erwachsene soll sich in Selbstbeherrschung und Zurückhaltung üben und Verständnis für die kindlichen Bestrebungen aufbringen, aber seine eigenen Grenzen begreifen. Montessori nennt das die *Begrenzung des Einschreitens.* Man darf sich also nicht aufdrängen oder versuchen, das Kind zu seinem Glück zu zwingen. Wenn beispielsweise Jonas heute nicht lernen will, wie man sich die Schuhe bindet, respektiert man seine Entscheidung und wartet mit **Geduld** auf den Moment, wenn er von sich aus den Wunsch äußert, es zu lernen. Dann sollte man aber bereit sein, ihm jede Unterstützung zu geben. Oder wenn Silvia heute darum bittet, mit ihr das Radfahren ohne Stützräder zu probieren, dann sollte man sich möglichst Zeit dafür nehmen. Nach Montessori ist es nur wichtig, nie ein Kind zu etwas zu zwingen, wozu es noch nicht bereit ist.

Den richtigen Zeitpunkt finden

Eine geduldige, abwartende Haltung, verbunden mit der ständigen Bereitschaft, da zu sein, wenn man gebraucht wird, fordert Montessori übrigens auch von Erzieherinnen und Lehrkräften.

»Wir müssen erzogen sein, wenn wir erziehen wollen« (Montessori 2009: 208).

Nach Montessori müssen Pädagogen **reife, würdevolle Menschen** sein: nicht vollkommen frei von Schwächen, jedoch *erzogen* sollen sie sein. Tugenden hält sie daher für sehr bedeutsam. Erwachsene sollten z. B. erst einmal eigene Fehler erkennen und diese korrigieren, bevor sie sich anmaßen, »auch den Splitter aus dem Auge des Kindes zu nehmen« (Montessori 2009: 208). Für Lehrkräfte heißt das beispielsweise, dass sie sich bei Unterrichtsstörungen immer zunächst fragen müssen, ob sie nicht selber dieses Verhalten hervorgerufen haben. Spricht nicht aus dem Satz »Langeweile im Unterricht beantworten die Schüler mit Unruhe« viel Erfahrung? Ebenso sollte ein Vater, der seinem Sohn Vorträge über die Bedeutung von Regeln hält, genau überlegen, welche Wirkung er erzielt, wenn er sich in einer für sein Kind offensichtlichen Weise – etwa im Straßenverkehr – gerne über Regeln hinwegsetzt.

Autorität und Vorbild sein

Wenn wir heute davon sprechen, dass wir den Kindern auf Augenhöhe begegnen, so bedeutet dies, dass wir sie in allem ernst nehmen und als Persönlichkeiten respektieren. Nach Montessori heißt das aber nicht, dass wir uns kumpelhaft anbiedern und uns künstlich klein machen sollen. Zwar müssen wir uns um die Gestaltung einer *harmonischen Beziehung* bemühen. Dennoch soll der Erwachsene eine natürliche Autorität darstellen, zu der ein Kind aufschauen, die es vielleicht auch bewundern kann. Dies aber nicht aufgrund eines Amtes oder körperlicher Überlegenheit, sondern weil es Vertrauen in die Kompetenz, Erfahrung und Verantwortung der Erwachsenen hat und deren förderliche Wirkung auf sein eigenes Wohl und seine Entwicklung spürt, d. h. die pädagogische Autorität in diesem Sinne als gute Orientierung und hilfreiche Stütze erfährt.

4.2 Pädagogische Grundhaltungen und persönliche Eigenschaften

4.3 Die Vorbereitung der Montessori-Pädagogin

Selbstprüfung

Kommen wir nun zu Montessoris Hinweisen auf die erforderliche Selbstvorbereitung des Pädagogen in Kinderhaus und Schule: Hier sind nach ihrer Überzeugung neben einer gründlichen Selbstprüfung im oben dargestellten Sinne die folgenden Voraussetzungen unverzichtbar:

- das Sich-Lösen von vorgefassten Vorstellungen und allgemeinen Vorurteilen wie »Kinder sind halt so«,
- die Überwindung von verfestigten Alltagstheorien à la »Früher waren die Schüler leistungsstärker, es geht immer weiter bergab« und
- das Offenhalten für die immer wieder überraschenden *Offenbarungen* von Kindern, wie Montessori sagt.

Wesentlicher Bestandteil der Selbstvorbereitung im Sinne der italienischen Pädagogin ist daher eine Überwindung jener inneren Haltung, die uns am wirklichen Verstehen von Kindern hindert.

Vertrautheit mit dem Material

Ebenfalls gehört zur gründlichen Vorbereitung die genaue Kenntnis des Montessori-Materials. Aber: »Um das Material zu kennen, darf sich die Lehrerin nicht damit begnügen, es gemäß Anleitung aus dem Buch anzusehen, zu untersuchen oder seinen Gebrauch durch die Vorführung einer Lehrkraft zu erlernen. Sie muß sich lange darin üben, um so zu versuchen, durch Erfahrung die Schwierigkeiten oder das Interesse, das jedes Material bieten kann, abzuschätzen und die Eindrücke, die es dem Kind vermitteln kann, wenn auch unvollkommen, zu interpretieren« (Montessori 2010: 181).

Es geht also um eine intensive Auseinandersetzung mit den Materialien, da erst die umfangreiche Erfahrung und Übung im Umgang mit ihnen es erlaubt, die Kinder gezielt zu motivieren, ihr Interesse zu wecken und sie individuell wirkungsvoll zu fördern.

Äußere Erscheinung

Interessanterweise gehört für Montessori auch die äußere Erscheinung der Pädagogin – und in diesem Zusammenhang spricht sie ausnahmslos von Erzieherinnen und Lehrerinnen! – zur Vorbereitung, macht sie doch als *lebendigster Teil der Umgebung* einen wesentlichen Teil von deren Anziehungskraft aus. Sie muss daher gepflegt sein, sauber, sorgfältig und ordentlich gekleidet. Sie sollte sich ihrer Vorbildwirkung gerade im Hinblick auf kleine Kinder bewusst werden und auf freundliche, graziöse Bewegungen achten. Dies wertet Montessori als Zeichen des Respekts und der Achtung vor dem Kind. Eine Passage aus ihrer Schrift *Die Macht der Schwachen*, die in Seminaren gerne für Heiterkeit sorgt, bringt dieses Anliegen gut auf den Punkt:

»Wir müssen als Erzieherinnen Frauen haben, welche sich so schön wie möglich machen wollen, selbst wenn sie allein im Zimmer mit kleinen Kindern von drei bis sechs Jahren sind. Sie müssen etwas tun, das fast geheimnisvoll ist, sie müssen die kleinen Seelen anziehen und Teil des Reizes der Umgebung sein. Mütter müssen das auch tun. Mütter müssen sich nicht nur schön machen für die Gesellschaft und für ihre Männer, sondern auch für ihre Kinder. Wenn sie sich für einen großen Empfang gekleidet haben, so müssen sie zu ihren Kindern gehen, so daß ihre Kinder sie bewundern können. Die kleinen Kinder sind so glücklich, wenn sie sehen, daß ihre Mütter schön aussehen, und sie bewundern sie so aufrichtig« (Montessori 1989: 104).

4.4 Aufgaben der Montessori-Pädagogin in der Freiarbeit

Nach Montessori muss die Rolle der Pädagogin nach traditionellem Verständnis durch *ein sehr viel komplexeres Ganzes* ersetzt werden. Die Hauptaktivität im Bildungsprozess soll dem Kind überlassen sein. Statt zu unterrichten und durch Belehrung etwas vermitteln zu wollen, muss sie alles bereitstellen, was ein Kind benötigt, um selbstständig Erfahrungen zu machen, Erkenntnisse zu gewinnen, seine Welt zu entdecken und zu erobern. Statt *Begriffe in seinen Kopf zu zwängen,* wie Montessori sagt, hilft die Pädagogin dem Kind vor allem durch die Gestaltung einer Vorbereiteten Umgebung dabei, frei zu arbeiten und unabhängig zu werden. Dabei ist sie jedoch alles andere als passiv und überflüssig.

Komplexe Rolle des Pädagogen

Die Schrift erobern mit Sandpapierbuchstaben

4.4 Aufgaben der Montessori-Pädagogin in der Freiarbeit

49

Beobachtungsbogen für eine Einzelbeobachtung während der Hospitation in der Freiarbeit

Datum: Stunde/Uhrzeit:

Klasse: Hospitant

	trifft voll zu	trifft zu	trifft kaum zu	trifft nicht zu	keine Angaben
Die Freiarbeit hat eine klare Rhythmisierung.					
Das Kind beginnt die Arbeit zügig.					
Das Kind organisiert die Arbeit selbstständig.					
Das Kind stört andere Kinder bei der Arbeit.					
Das Kind arbeitet ruhig.					
Das Kind bietet einem anderen Kind Hilfe an.					
Das Kind nimmt von einem anderen Kind Hilfe an.					
Das Kind arbeitet mit einem selbstgewählten Material.					
Das Kind arbeitet alleine.					
Das Kind pflegt einen freundlichen Umgangston.					
Das Kind flüstert in der Arbeitsphase, wenn es sich mit anderen austauscht.					
Das Kind wirkt konzentriert auf seine Arbeit.					
Das Kind übt seine Bewegungen präzise aus.					

Datum und Name des Hospitanten / der Hospitantin:

Im Gegenteil: Sie muss eine recht schwierige Rolle einnehmen, gilt es doch, die Balance zu halten zwischen den bekannten Polen des Führens und Wachsenlassens, des Eingreifens und Gewährenlassens. Die Lehrerin muss, so Montessori, »Überflüssiges vermeiden, doch sie darf das Notwendige nicht vergessen. […] die Abgrenzungslinie zwischen beiden zeigt den Grad ihrer Vollkommenheit« (Montessori 2010: 193).

Nachfolgend werden ohne Anspruch auf Vollständigkeit einige der zahlreichen Leitungsaufgaben in der Freiarbeit dargestellt und erläutert.

Kinder beobachten

Zu den zentralen Aufgaben der Montessori-Pädagogin gehört das exakte, verstehende Beobachten. Wer Kinder differenziert wahrnimmt, ihre individuellen Stärken und Bedürfnisse sieht, ihre *seelischen Leidenschaften* richtig erkennt, kann begründet entscheiden und gezielt Angebote machen. Als Beobachterin frei arbeitender Kinder sollte die Pädagogin nach Maria Montessori daher so exakt sein wie eine Wissenschaftlerin und ihre Schaukraft zugleich so »geistig wie die des Heiligen« (Montessori 2008: 131).

Verhaltensweisen interpretieren

Die Pädagogin muss lernen, verschiedene psychische Zustände des Kindes zu unterscheiden, damit sie nicht gerade stört, wenn ein Kind tief konzentriert arbeitet, aber dann helfend aktiv wird, wenn das Kind orientierungslos ist und Unterstützung benötigt. Nach Montessori ist das einfühlende Verstehen entscheidend für ein angemessenes pädagogisches Denken und Handeln. Da sich diese Fähigkeit nur durch Übung erwerben lässt, hält sie eine professionelle Anleitung, z. B. durch Mentoren, für notwendig.

»Anfänger des Biologiestudiums müssen Dinge unter dem Mikroskop beobachten, aber ehe ihre Augen nicht geübt sind, können sie gar nichts erkennen. So müssen auch die Augen des Erziehers geschult sein« (Montessori 1989: 102 f.).

Die Freiarbeit vor- und nachbereiten

Eine gründliche methodisch-didaktische Vor- und Nachbereitung der Freiarbeit ist von großer Wichtigkeit. Über die Kenntnis und souveräne Handhabung der Montessori-Materialien hinaus ist die Bereitschaft und Kompetenz der Pädagogin erforderlich, dieses Material bei Bedarf zu ergänzen, etwa wenn Kinder Interesse an Themen und Gegenständen zeigen, die in dieser Form noch nicht in der Vorbereiteten Umgebung präsent sind. Sie muss gegebenenfalls vorhandene Materialien aktualisieren oder neue Arbeitsmittel entwickeln, die sich sinnvoll in das bestehende System integrieren lassen. Dies setzt auch

4.4 Aufgaben der Montessori-Pädagogin in der Freiarbeit

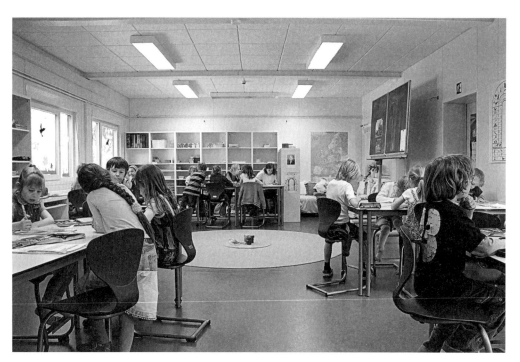
Kinder während der Freiarbeit

die Bereitschaft und Fähigkeit voraus, entsprechende Angebote aus dem Handel kritisch zu sichten und im Hinblick auf ihre Qualität zu bewerten.

Wenn die Pädagogin am Vortag bemerkt hat, dass ein Kind gerne Antworten auf eine brennende Frage finden möchte, gehört zur Vorbereitung der Freiarbeit das Bereitstellen entsprechender Lernangebote, die dem Kind in dieser Hinsicht weiterhelfen. Für ein anderes Kind wird vielleicht eine bestimmte Einführungslektion geplant, die es bisher abgelehnt, nun aber ausdrücklich erbeten hat. Die Nachbereitung beinhaltet u. a. das Dokumentieren von Beobachtungen über individuelle Lernfortschritte oder über das individuelle Arbeits- und Sozialverhalten von Kindern in Lerntagebüchern, Pensenplänen, Büchern des Könnens usw. Auf der Basis solcher Aufzeichnungen lassen sich wiederum gezielte Hilfen, Erfolgskontrollen und weiterführende Lernangebote für einzelne Kinder planen.

Den Raum gestalten, ordnen und pflegen

Die Vorbereitung, Ordnung und Pflege der Lernumgebung sind nach Montessori zentrale Aufgaben der Pädagogin. Aus heutiger Sicht sollten aber auch die Kinder verstärkt einbezogen werden, denn erfahrungsgemäß steigt ihr Verantwortungsgefühl für die Umgebung mit der Übernahme von Pflichten und Diensten zu Hause, im Kinderhaus oder in der Schule. Vorbereitung, Pflege und Gestaltung der Umgebung sollten daher nicht alleine dem Erwachsenen überlassen sein.

Auch die Instandhaltung der Freiarbeitsmaterialien ist bedeutsam, denn nur wenn sie vollständig und intakt sind, können sie ihren Aufforderungscharakter sowie ihre bildende Wirkung entfalten. Insgesamt lässt sich also festhalten, dass eine gründliche Vor- und Nachbereitung der Freien Arbeit unerlässlich ist, soll diese geordnet und erfolgreich verlaufen.

»Wir müssen dem Kind dabei helfen, selbst zu handeln, selbst zu wollen, selbst zu denken; das ist die Kunst derer, die danach streben, dem Geist zu dienen« (Montessori 1998: 141).

Freiheit gewähren und Unabhängigkeit ermöglichen

Die Montessori-Pädagogin gewährt dem Kind ein Höchstmaß an Entwicklungsfreiheit, damit es die in ihm ruhenden Möglichkeiten und Potenziale ausschöpfen und entfalten kann. Wie bereits dargestellt, ist diese Freiheit jedoch stets relativ und nicht mit Willkür, purem Gewährenlassen und absoluter Grenzenlosigkeit zu verwechseln. Da die individuelle Fähigkeit, mit Freiheit verantwortlich umzugehen, u. a. vom jeweiligen Entwicklungsstand abhängig ist, ist für eine situationsangemessene Leitung frei arbeitender Kinder also stets die Grenze zwischen der Freiheit einerseits sowie der Überforderung oder Vernachlässigung andererseits zu berücksichtigen. Das ist, wie Maria Montessori mit dem folgenden Beispiel zeigt, eine nicht immer einfache Gratwanderung!

Die Erzieherin beobachtet die Arbeit eines Jungen

»Einmal sah ich eine ganze Klasse ungeordneter Schüler, die das Material schlecht gebrauchten. Die Lehrerin glitt zwischen ihnen umher, leise und wortlos wie eine Sphinx. Ich fragte sie, ob es für die Kleinen nicht besser wäre, wenn sie im Garten herumsprängen. Darauf ging sie von einem Kind zum anderen und flüsterte jedem etwas ins Ohr. ›Was machen Sie denn?‹ fragte ich sie. ›Ich spreche leise, um sie nicht zu stören.‹ Diese Lehrerin war in einem Irrtum befangen: sie hatte Angst, die Unordnung zu stören, anstatt darauf bedacht zu sein, die Ordnung zu ermöglichen« (Montessori 1992: 65).

Eine verfrühte Freigabe der Arbeitswahl, mangelndes Vertrauen in das Kind oder das Unvermögen mancher Erzieher zu pädagogischer Führung können Misserfolge bewirken und Enttäuschungen hervorrufen. Nach Montessoris Erkenntnis liegt dies daran, dass zwischen Theorie und Erziehungswirklichkeit oft *die praktische Erfahrung* fehlt. Diese ist im Hinblick auf viele Entscheidungen des Erwachsenen vonnöten, insbesondere wenn es darum geht, passiv zu sein oder aktiv zu werden.

Die Kinder anregen und anleiten

Einerseits soll die Montessori-Pädagogin sich zurückhalten, die Kinder beobachten und sie nicht in ihrer Konzentration stören.

Andererseits muss sie aber als *Bindeglied zwischen dem Kind und der Sache* sehr aktiv werden und gerade zu Beginn »verführerisch« und »wie eine Flamme sein, deren Wärme aktiviert, lebendig macht und einlädt« (Montessori 2007: 251). Motivierende Einführungslektionen sind ebenso wichtig wie das gezielte Heranführen unsicherer, unentschlossener Kinder an interessante Aufgaben und Materialien. Während beispielsweise Helen ihre Aufgaben gezielt auswählt und sehr selbstständig arbeitet, fühlt sich Sven möglicherweise überfordert, so dass es für ihn eine Hilfe darstellt, wenn ihm die Pädagogin die Wahl erleichtert, indem sie ihn zwischen zwei oder drei Alternativen entscheiden lässt. Manche Kinder benötigen eben die liebevolle, enge Begleitung während ihrer ersten Schritte in die Freie Arbeit – und oft auch darüber hinaus, länger als andere.

Montessori schreibt öfter, dass ein Lob zur falschen Zeit die kindliche Konzentration unterbrechen kann und die Pädagogin sich daher besser des Lobens enthalten solle. Andererseits rät sie dazu, mit einem *Wort der Zustimmung* zu antworten und das Kind *mit einem Lächeln* zu ermutigen, das nach Abschluss einer Arbeit Bestätigung sucht, so wie Mütter zu den ersten Schritten ihres Kindes lächeln. Plädiert sie einmal für einen grundsätzlichen Verzicht auf Lob und Strafe, empfiehlt sie an anderer Stelle, dem Kind *großzügig Beifall* zu spenden, wenn es zeigt, dass es diesen wünscht. Man erkennt unschwer, dass Montessoris Forderung nach einer Begrenzung des Einschreitens nicht verabsolutiert werden darf, denn sie selbst tritt für eine *reflektierte* Anwendung ihrer Methode mit Augenmaß und pädagogischem Feingefühl ein.

Halt geben und lenken

Die Pädagogin muss Halt geben und steuernd eingreifen, wenn Kinder noch nicht gelernt haben, mit ihrer Freiheit verantwortlich umzugehen, oder in bestimmten Situationen aus unterschiedlichen Gründen nicht dazu in der Lage sind. Im Freispiel und bei der Freiarbeit gibt es immer wieder Stunden oder Tage, an denen die Kinder nicht so recht zum konzentrierten Arbeiten finden. Das kann an der Wespe liegen, die sich in den Raum verirrt hat und alle Kinder aufscheucht, oder daran, dass heute der Verkehrskasper kommt, die Ferien nahen oder morgen ein hoher Feiertag ist. Montessori weiß, dass die Freiarbeit nicht immer gelingt und manchmal sogar eine richtige *Kinderrevolution,* eine *kleine Hölle*, wie sie sagt, ausbrechen kann.

Das gilt es zu erkennen und entsprechende Konsequenzen zu ziehen, ohne die Kinder zu beschämen. Ein Eingreifen ist für Montessori z. B. angebracht, wenn Kinder *nichtsnutzig* bzw. »Beute ihrer verschiedenen Unarten« (Montessori 1989: 107) sind. Dann ist die sonst gültige Regel der Nichteinmischung außer Kraft gesetzt, und dann muss die Pädagogin wie *ein Polizist* sein bzw. das *Amt eines Schutzengels* ausüben, um diejenigen Kinder in Schutz zu nehmen, die ungestört und in Ruhe arbeiten wollen. Entschlossenes Eingreifen ist also unvermeidlich, wenn man für ein konzentriertes Arbeitsklima sorgen muss. In kluger und weitsichtiger Weise regt Montessori übrigens an, den Kindern in solchen Situationen gemeinsame Aktivitäten vorzuschlagen wie Wettspiele, Geschicklichkeitsübungen, Geschichten vorlesen oder Blumen pflücken im Garten.

4.4 Aufgaben der Montessori-Pädagogin in der Freiarbeit

5

»Ein Ort der Freiheit«
Die Vorbereitete Umgebung

Neben der Person der Pädagogin spielt auch die Lernumgebung für den Lernerfolg und die Persönlichkeitsentwicklung des Kindes eine entscheidende Rolle. Dieses Kapitel beschreibt, welche Anforderungen eine kindgerechte, fördernde Umgebung (in Kinderhaus und Schule) erfüllen sollte, und zeigt, wie Freiheit und verlässliche Ordnung zusammengehören.

»Persönlichkeitsbildung oder das, was man die Freiheit des Kindes nennt, kann nichts anderes sein als die fortschreitende Lösung vom Erwachsenen, ermöglicht durch eine dem Kinde angemessene Umwelt, in der es finden kann, was ihm zur Entwicklung der eigenen Funktionen erforderlich ist« (Montessori 2009: 258).

Wenn die Vorbereitung der Erzieherin (vgl. Kap. 4) und die Vorbereitung der Umgebung zusammen das *praktische Fundament* ihrer Pädagogik bilden, so ist nun zu klären, was Maria Montessori unter einer Vorbereiteten Lernumgebung – ein Begriff, der übrigens in der heutigen pädagogischen Diskussion sehr verbreitet ist – versteht.

Nach Ansicht der italienischen Reformpädagogin können sich Kinder am besten entwickeln, wenn sie in einer anregenden, kindgerechten Umgebung aufwachsen, die ihnen optimale Entfaltungsmöglichkeiten bietet. Allerdings sieht sie dies zu ihrer Zeit weder in den Familien noch in den Vorschuleinrichtungen oder Schulen als gegeben an. Vielmehr werden die Bedürfnisse und Eigenschaften des Kindes ihrer Auffassung nach in der *komplizierten Welt des Erwachsenen* weitestgehend ignoriert bzw. unterdrückt. Ein deutliches Zeichen dafür ist für sie die Tatsache, dass Kinder von vielen Arbeits- und Lebensvollzügen ausgeschlossen bleiben. Gewöhnlich, so Montessori damals, bietet weder das Elternhaus noch die Schule eine adäquate, kindgemäße Umgebung. Das hat fatale Folgen, denn: »Wenn ein Mensch nicht in einer geeigneten Umgebung lebt, dann kann er nicht alle seine Fähigkeiten normal entwickeln« (Montessori 1992: 55).

Kindgerechte Umgebung

Kinder benötigen also in vielerlei Hinsicht eine ihnen angemessene Umgebung, einen *Ort der Freiheit*, der ihren individuellen Entwicklungsbedürfnissen, Wünschen und Lerninteressen gerecht wird und der ihnen dabei hilft, ihre kulturelle Umgebung zu verstehen und sich die Welt zu erschließen.

»Wenn wir von ›Umgebung‹ sprechen, so verstehen wir darunter die Gesamtheit all der Dinge, die das Kind frei in ihr auswählen und so lange benutzen kann, wie es will, also gemäß seinen Neigungen und seinem Bedürfnis nach Tätigkeit« (Montessori 2010: 79).

Was ist kindgerecht? – Eine 4. Klasse aus dem Jahr 1951/52

»Vorbereitete Umgebung« im Sinne Montessoris meint daher einen nach pädagogisch-didaktischen Prinzipien organisierten und von progressiven Interessen gestalteten Lebens- und Erfahrungsraum, der die heranwachsende Persönlichkeit dabei unterstützt, durch aktive Auseinandersetzung mit den Bildungsinhalten sich selbst aufzubauen. Natürlich kann eine solche Lernumgebung nicht immer das gleiche Gesicht haben, sondern

5. Die Vorbereitete Umgebung

muss im Hinblick auf die jeweiligen Kinder und ihren individuellen Entwicklungsstand gestaltet werden. Denn: »Je vollkommener die Umgebung dem Kind entspricht, desto mehr kann die Tätigkeit des Belehrenden zurücktreten« (Montessori 1992: 37).

Drei Dimensionen

Natürlich muss für das Kind auch im häuslichen Umfeld eine kindgemäße Umgebung vorbereitet werden. Die im Folgenden genannten Aspekte beziehen sich jedoch vor allem auf die Lernumgebung in Kinderhäusern und Schulen. Allerdings lassen sich die wesentlichen Prinzipien u. E. auch auf den familiären Bereich übertragen. In einem umfassenden Sinne gehören zur Vorbereiteten Umgebung im Sinne Maria Montessoris somit

- die personale Dimension (der zurückhaltende Erwachsene / Erzieher / Lehrer, die alters- und leistungsheterogene Gruppe bzw. die Geschwisterreihe)
- die materielle Dimension (das didaktische Material, die Einrichtungsgegenstände)
- die strukturelle Dimension (pädagogische und didaktische Prinzipien).

Diese drei Dimensionen wirken in komplexer Weise zusammen, und keine von ihnen ist entbehrlich, wenn es um die Verwirklichung von Montessori-Pädagogik geht. Die meisten der genannten Punkte werden in gesonderten Kapiteln dieses Buches ausführlich behandelt. Daher soll der Fokus im Folgenden auf Montessoris Überlegungen zur Ausstattung, Gestaltung und Einrichtung von Lernumgebungen in Kinderhaus und Grundschule liegen. (Zur geeigneten Umgebung für Kleinkinder [Kap. 9] oder für Jugendliche [Kap. 11] finden sich an anderer Stelle in diesem Buch entsprechende Hinweise.)

Auch wenn es eine große Vielfalt von Montessori-Einrichtungen gibt, die sich in vielem auch voneinander unterscheiden, werden hier vor allem die zahlreichen Parallelen und Gemeinsamkeiten im Mittelpunkt stehen, die auf Montessoris Anregungen und pädagogische Begründungen zurückgehen.

5.1 Kinderhaus und Schule als wohnliches Heim

Kinderhaus und Schule sollen für die Kinder ein wirkliches Heim sein, d. h. eine *ruhige und gesunde Umgebung*, in der sie sich wohlfühlen. Bedenkt man, wie viele Stunden des Tages sie in pädagogischen Einrichtungen verbringen, ist die Forderung nach freundlich ausgestatteten Räumlichkeiten, hellen Möbeln und geschmackvollen Bildern und Vorhängen mehr als berechtigt. Montessori legt großen Wert auf eine schöne Ausstattung, ansprechende Gestaltung und wohnliche Einrichtung. Wiederholt beschreibt sie deren wohltuende Wirkung auf das Lern- und Sozialverhalten der Kinder, insbesondere auf ihre Konzentrationsfähigkeit.

Ansprechende Umgebung

Sie geht davon aus, dass eine ästhetische Gestaltung das Wohlbefinden aller Menschen im Raum fördert, ihren ästhetischen Sinn schult und zu einem pfleglichen Umgang mit Einrichtungsgegenständen, Materialien und anderen Dingen der Umgebung anregt.

Montessori benutzt in diesem Zusammenhang gerne das schöne Bild von der *Stimme der Dinge,* welche die Kinder unbewusst anspricht und sie zur Übernahme von Verantwortung animiert. An vielen Schulen kann man sich davon überzeugen, wie nachlässig Schüler mit ungepflegten, ja verwahrlosten Räumen umgehen, während sie sich in schön gestalteten Klassen eher angemessen und rücksichtsvoll verhalten. Zur Wohnlichkeit trägt nach Montessori im Übrigen auch eine großzügige Ausstattung mit Pflanzen, Aquarien und Terrarien bei.

5.2 Kinderhaus und Schule als Lebens- und Erfahrungsraum

Die detailreichsten Beschreibungen Vorbereiteter Umgebungen finden sich bei Montessori im Zusammenhang mit der Konzeption des Kinderhauses als Ganztageseinrichtung. Eine *Casa dei bambini* (Haus der Kinder) ist ein großes Haus mit Garten, welches über Waschräume, Küche, Turnsaal und Speiseraum sowie Wohn- und Schlafzimmer verfügt. Alle Räume sind möglichst hell. Insbesondere für den Arbeitsraum mit dem Montessori-Material gilt, dass etwa die Hälfte der Bodenfläche frei bleiben sollte. Neben der Möglichkeit, auf dem Boden zu arbeiten – wozu die Kinder gerne die typischen kleinen »Mon-

Ein Mädchen beim Silberputzen

tessori-Teppiche« ausrollen – spielt hier der psychologische Effekt eine große Rolle: »Uns allen gibt ein Raum, der zu seiner größeren Hälfte leer ist, ein Gefühl der Erleichterung« (Montessori 2008: 137). In manchen Montessori-Einrichtungen sind die Wände zum Flur durch Glasfassaden abgetrennt, was ebenfalls für mehr Helligkeit und ein Gefühl von Offenheit sorgt.

»Die Ausstattung der ›Kinderhäuser‹ muss nicht eingeschränkt werden. Denn die Kinder machen alles selbst. Sie fegen die Zimmer, wischen auf dem Mobiliar Staub und putzen es, polieren Gegenstände aus Metall, decken den Tisch und räumen ihn ab, spülen, kehren die Teppiche und rollen sie zusammen, machen kleine Wäsche und kochen Eier« (Montessori 2010a: 169).

Einrichtung der Casa dei bambini

Die Einrichtungsgegenstände sind überwiegend aus hellem Holz und den Größen- und Kräfteverhältnissen der Kinder angepasst, damit diese sie selbstständig bewegen können. Oft sind selbst die Küchenzeilen niedrig und ausdrücklich für die Nutzung (Abwaschen, Backen, Kochen) durch 3- bis 6-Jährige vorgesehen. In der Schule werden in einer entsprechenden Weise Computer, Kopierer, Schränke mit Büromaterial usw. bereitgestellt. Bewegliches Mobiliar sorgt auch hier dafür, dass die Kinder ihre Stühle und Tische je nach Bedarf und abhängig von den gewählten Arbeits- und Sozialformen anordnen können. Außerdem wirken sie nach Ansicht Montessoris – wie zerbrechliche Teller oder Tassen – als Erziehungsmittel, da jedes unnötige Geräusch und jeder Schaden dem Kind eine Rückmeldung hinsichtlich der Zweckmäßigkeit seiner Bewegungen gibt.

»Die Schule muß der Ort werden, wo das Kind in seiner Freiheit leben kann; und seine Freiheit kann nicht nur jene innere, geistige des inneren Wachstums sein. Der ganze kindliche Organismus, von seiner physiologisch vegetativen Seite bis zu seiner Bewegungsaktivität, muß die ›besten Entwicklungsbedingungen‹ vorfinden« (Montessori 2008: 135).

5.3 Kinderhaus und Schule als klar strukturierter Raum

Was den Besuchern einer Montessori-Einrichtung besonders auffällt, ist ihre klare Strukturierung nach Funktions- und Sachbereichen.

So sind in Kinderhaus und Schule etwa die Bereiche für Sinneserziehung, Sprache, Mathematik, Kosmische Erziehung, Musik, Übungen des täglichen Lebens, Rollen- oder Konstruktionsspiele, Leseecken usw. klar voneinander getrennt. Dies soll Orientierung und Sicherheit geben und ein wirklich freies, selbstbestimmtes Handeln ermöglichen. Eine gute äußere Ordnung gibt dem Kind die *Basis zu seinem inneren Aufbau*, d. h. sie trägt zur Entwicklung innerer Ordnung bei und fördert die geistige Entwicklung.

Ausschnitt einer Vorbereiteten Umgebung

Neben der klaren Aufteilung der Räume sind dabei auch die quantitative Begrenzung der Materialien und ihre übersichtliche Anordnung in offenen Regalen hilfreich sowie generell der systematische, sachlogische Aufbau des Materials. Selbst innerhalb eines Regals wird eine gewisse Ordnung hergestellt: Beispielsweise kann eine Anordnung nach dem Schwierigkeitsgrad erfolgen: von links nach rechts, von oben nach unten, durch Beschriften der Regalböden usw.

Klare, verlässliche Ordnung

Grundsätzlich hat jedes Material seinen festen Platz. Im Kinderhaus ist dieser oft durch eine entsprechende Abbildung gekennzeichnet. Das bedeutet: Hier finde ich das gesuchte Arbeitsmittel, aber genau hierher bringe ich es nach getaner Arbeit auch wieder zurück. Diese Verlässlichkeit bedeutet gelebte Rücksichtnahme und ermöglicht es jedem Kind, seine Arbeit selbst zu organisieren. Lernangebote sind also stets so übersichtlich zu strukturieren, dass die Kinder aktiv werden können, ohne den Überblick zu verlieren.

Schließlich tragen aber auch gemeinsam vereinbarte Freiarbeitsregeln, feste Begrüßungsrituale sowie rhythmisierte Tages- und Wochenverläufe dazu bei, dass die Kinder Sicherheit gewinnen und sich in ihrer Umgebung orientieren können.

»Wenn wir aber im Haus eine Umgebung schüfen, die der Größe, den Kräften und den psychischen Fähigkeiten der Kinder entspräche, und wenn wir das Kind dort frei leben ließen, dann hätten wir bereits einen großen Schritt hin zur Lösung des Erziehungsproblems ganz allgemein getan; denn dadurch gäben wir dem Kind *seine Umgebung*« (Montessori 1992: 56).

5.3 Kinderhaus und Schule als klar strukturierter Raum

5.4 Angebotsvielfalt in Kinderhaus und Schule

Für gewöhnlich besticht die Vielfalt der Lernangebote in einer Vorbereiteten Umgebung. Da Montessori-Gruppen und -Klassen heterogen zusammengesetzt sind, muss ein sehr breites Spektrum an attraktiven Arbeitsmöglichkeiten vorgehalten werden – für unterschiedliche Altersgruppen, für Kinder mit sehr verschiedenen Lernvoraussetzungen und Leistungsprofilen, für Hochbegabte und Kinder mit besonderem Förderbedarf –, so dass jedes Kind seine individuellen Lernbedürfnisse befriedigen kann.

Vielfältige Arbeitsmöglichkeiten

Im Kinderhaus finden sich neben dem klassischen Sinnesmaterial und den Übungen des täglichen Lebens auch Aufgaben im Bereich der Tier- und Pflanzenpflege oder der Gartenarbeit. Weitere Aktivitätsmomente sind durch herkömmliche Spielsachen, Bücher, Puppen, Rollen-, Konstruktions-, Gesellschafts- und Bewegungsspiele, religiöse und musisch-künstlerische Angebote oder gemeinsame Feiern gegeben. Hervorzuheben ist außerdem die Tatsache, dass auch für das frühe Interesse an Schriftsprache und Mathematik attraktive Angebote bereitgehalten werden. Es ist ein typisches Kennzeichen der Montessori-Pädagogik, dass das Interesse an »schulischen« Themen in diesem Alter nicht unterdrückt wird, sondern im Rahmen der Freien Arbeit mit interessantem Material zur Entfaltung gelangen kann.

»Die ›Kinderhäuser‹ besitzen nämlich nicht nur Geschirr, eine Küche, Bälle und Puppen […] sondern auch Schränke, Sofas, Betten, also das erforderliche Mobiliar für ein Puppenhaus: Häuser, Bäume, Schafherden, Tiere aus Pappmaché, Zelluloidpuppen und -gänse, die auf dem Wasser schwimmen, kleine Boote mit Seeleuten, Bleisoldaten, fahrende Eisenbahnen, Gehöfte mit Landhaus, Schuppen mit Pferden und Rindern zwischen weitläufigen Einfriedungen usw.« (Montessori: 2010: 270).

Auch die Vorbereitete Umgebung des Grundschulkindes muss seinem Drang nach Erweiterung seines Horizontes auf verschiedene Weise entsprechen. Hier wird – über das klassische Montessori-Material hinaus – zunehmend auch auf Freiarbeitsmaterial aus anderen Quellen (z. B. Materialien zum Freien Schreiben) zurückgegriffen, etwa um bestehende Lücken im Montessori-System zu schließen oder um auf neue, aktuelle Herausforderungen (Englisch in der Grundschule) zu reagieren. Es wird deutlich, dass eine im Sinne Montessoris gestaltete Lernumgebung in der Grundschule einer sehr

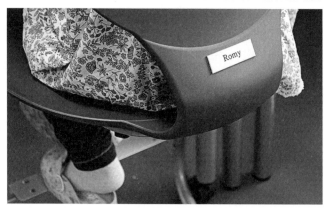

Jedes Kind hat seinen Platz

umfassenden Ausstattung und guter räumlicher und materieller Voraussetzungen bedarf, wenn für die Lerninteressen aller Kinder möglichst vielfältige und differenzierte Arbeitsmöglichkeiten bereitgestellt werden sollen.

Kleine »Checkliste« für die Gestaltung einer Vorbereiteten Umgebung

- Findet sich das Kind in seiner Umgebung wieder (Fotos, Namensschild, Bilder und Zeichnungen, eigener Ablagekorb)?
- Gibt es geeignete Rückzugsmöglichkeiten (Schutz, Geborgenheit) für die Kinder, z. B. ein Sofa, eine Kuschelecke, einen Ruheraum?
- Gibt es genügend Platz für kindliche Bewegungsbedürfnisse im Haus und im Freien? Gibt es ggf. verschiedene Ebenen und Treppen im Raum? Bleibt die Hälfte des Fußbodens frei?
- Ist die Einrichtung auf die Größe und Kräfte der Kinder abgestimmt, so dass sie alles (Türen, Waschbecken, Tische, Stühle usw.) selbstständig bewegen, bedienen, umstellen können?
- Besteht die Möglichkeit, sowohl auf dem Boden als auch im Stehen zu arbeiten?
- Ist die Ausstattung barrierefrei, werden ggf. erforderliche Hilfsmittel bereitgestellt?
- Sind die Räume hell und freundlich, sprechen sie den ästhetischen Sinn an?
- Ist das Arbeiten in unterschiedlichen Sozialformen (Einzel-, Partner-, Gruppen- und Plenumsarbeit) möglich?
- Ist die Aufteilung in Sach- und Funktionsbereiche für die die Kinder durchschaubar? Ist die Anordnung der Materialien nach Schwierigkeitsgrad transparent?
- Wirkt die Angebotsvielfalt motivierend oder sorgt sie für Überforderung?
- Sind die Materialien in offenen Regalen untergebracht und haben sie ihren festen (ggf. gekennzeichneten/beschilderten) Platz?
- Sind die Materialien funktionsfähig, vollständig und in ansprechendem Zustand?
- Sind die Materialien so übersichtlich angeordnet (statt aufeinandergestapelt oder gedrängt), dass die Kinder erkennen, worum es sich handelt und welche Teile zum Material gehören?
- Gibt es praktikable Ordnungssysteme zum Sammeln von Arbeitsergebnissen?
- Existieren Angebote zur Tier- und Pflanzenpflege?

5.4 Angebotsvielfalt in Kinderhaus und Schule

6

»Jeden Tag eine große Arbeit«
Freiarbeit in Kinderhaus und Schule

Die typische Arbeitsform in der Montessori-Pädagogik ist die Freiarbeit. Dieses Kapitel vergleicht diese Arbeitsform mit den Arbeitsformen der »alten Schule« und beschreibt dann anschaulich, wie Freiarbeit »funktioniert«. Darüber hinaus diskutiert es das wichtige Spannungsfeld »Freiheit und Bindung« und stellt die Freiarbeit in den Zusammenhang der aktuellen Schulentwicklungsdiskussion.

Die Forderung nach stärkerer Schülerzentrierung des Unterrichts scheint heute aktueller denn je. Nicht zuletzt deswegen, weil man immer weniger wissen kann, welche Kenntnisse und Fertigkeiten zukünftig für eine aktive, mündige Teilhabe am gesellschaftlichen Leben erforderlich sein werden, tritt neben die Wissensvermittlung (die traditionelle Hauptaufgabe der Schule) zunehmend die Notwendigkeit, dass die Schüler heute – so die viel beschworene Formel – das Lernen lernen: Die Heranwachsenden sollen wissen, wie sie sich in unserer Informationsgesellschaft orientieren können, und die Fähigkeit zur Beschaffung, Verarbeitung und Weitergabe von Informationen erwerben. Schlüsselqualifikationen wie Selbstständigkeit, Eigenverantwortung, Kommunikations- und Kooperationsfähigkeit, Kreativität und Problemlösekompetenz werden in der aktuellen Diskussion als herausragende Bildungsziele der Schule des 21. Jahrhunderts genannt.

Das Lernen lernen

> »Wenn ich nur darf, wenn ich soll, aber nie kann, wenn ich will,
> dann mag ich auch nicht, wenn ich muss.
> Wenn ich aber darf, wenn ich will, dann mag ich auch, wenn ich soll,
> und kann auch, wenn ich muss.
> Denn wer können soll, muss auch wollen dürfen.«
>
> *(Graffito, gesehen in einer Berliner U-Bahn-Haltestelle)*

6.1 Montessoris Kritik an der »alten Schule«

Maria Montessori hält die traditionellen Methoden des Lehrens und Lernens für überholt und die Schulen weder für zeit- noch für kindgemäß. Sie kritisiert eine Pädagogik, die die Kinder nach fertigen Vorstellungen formen und führen will, anstatt sich stärker an ihren individuellen Lernvoraussetzungen und Interessen zu orientieren. Die Lehrer planen Lernschritte, die schnell, sicher, reibungslos und im Gleichtakt zum Erfolg führen sollen. Dabei soll allen Schülern zur gleichen Zeit das Gleiche beigebracht werden. Der Tatsache aber, dass Kinder sehr unterschiedlich und auf kaum planbare oder direkt zu beeinflussende Weise lernen, wird nach Montessoris Ansicht viel zu wenig Rechnung getragen.

Überlegen Sie doch einmal kurz, wie aktuell Ihnen das nachfolgende Zitat, verfasst von Maria Montessori Ende der 1930er Jahre, erscheint:

»In jeder Stunde wechseln Lehrer und Unterrichtsstoff; sie wechseln ohne jeden sinnvollen Zusammenhang. Man kann sich in einer Stunde nicht völlig auf einen neuen Gedanken umstellen. Hat man sich aber darauf eingestellt, kommt sogleich ein anderer Studienrat, der ein anderes Fach lehrt. Und in dieser geistigen Hetze läuft diese schwierige Periode des menschlichen Lebens ab« (Montessori 1988: 133).

Zwang und Uniformität

Montessori kritisiert auch die zeitliche *Vertaktung* des schulischen Lernens durch den 45-Minuten-Rhythmus, das lange Stillsitzen der Kinder in fest verschraubten Bankreihen, das eintönige methodische Einerlei, den hohen Druck durch Strafen und den Zwang zum passiven Aufnehmen von Lernstoff im Gleichschritt, die fehlende Menschlichkeit in den Schulen und das mangelnde Vertrauen zwischen Lehrern und Schülern. Wie das folgende Zitat zeigt, sieht Montessori vor allem die negativen Folgen eines solchen Unterrichts. Nach ihrer Überzeugung wird in der *geistigen Wüste* der Schulen die kindliche Persönlichkeit *deformiert* und ein *Geschlecht seelischer Zwerge* herangezüchtet.

»Die Lehrerin meint, das Kind vom Leichten zum Schwierigen, vom Einfachen zum Verwickelten in langsamen Schritten führen zu müssen, während das Kind vom Schwierigen zum Leichten fortschreiten kann und große Schritte macht. Ein weiteres Vorurteil solcher Lehrer ist die Ermüdung. Ein Kind, das sich für seine Tätigkeit interessiert, macht ohne zu ermüden immer weiter; wenn der Lehrer es alle paar Minuten zum Wechseln und Ausruhen zwingt, verliert das Kind allerdings das Interesse und wird müde« (Montessori 1998: 118 f).

6.2 Der Ursprung der Freiarbeit bei Maria Montessori

Vor dem Hintergrund ihrer scharfen Kritik an Schule und Unterricht entwickelt Montessori eine Unterrichtsform, die dem natürlichen Lernverhalten von Kindern besser gerecht werden soll und später als Freiarbeit bzw. Freie Arbeit, im vorschulischen Bereich auch als Freispiel bezeichnet wird.

- **F** reie Wahl der Arbeit
- **R** eizvolle Lernmaterialien
- **E** igenverantwortliches Lernen
- **I** nteressegeleitetes Handeln
- **A** ltersgemischte Gruppen
- **R** ücksichtnahme üben
- **B** innendifferenzierende Lernsituation
- **E** igentätiges Lernen
- **I** ndividuelle Förderung
- **T** äglich!

Schon in ihren Schilderungen des ersten Kinderhauses von San Lorenzo spricht Montessori von den *freien Aktivitäten* der Kinder bzw. der *freien Wahl der Arbeit*. Sie ist davon überzeugt, dass der entscheidende Faktor im menschlichen Lern- und Entwicklungsprozess das eigentätige Subjekt ist. Sie will die Kinder beim Lernen aktiv werden lassen und ihnen helfen, *es selbst zu tun*. Entscheidend ist dabei, dass das selbsttätige Arbeiten durch ein Höchstmaß an individueller Freiheit geprägt ist, mit der jedes Kind verantwortlich umzugehen lernt.

> ## Maria Montessori macht eine wichtige Entdeckung
>
> Montessori berichtet in ihrem Buch *Kinder sind anders*, dass die Leiterin eines Kinderhauses eines Tages verspätet eintrifft und die Kinder sich bereits ihre Arbeitsmittel aus den Regalen geholt haben. Während die Erzieherin dies zunächst als »Ausdruck diebischer Instinkte« (Montessori 2009: 170) deutet, folgert Montessori, dass die Kleinen mit den Materialien bereits vertraut genug sind, um selbstständig auswählen zu können. Fortan lässt sie sie ihre Tätigkeiten frei wählen. Was hier wie die zufällige Entstehung des elementaren Grundsatzes ihrer Pädagogik aussieht, findet an anderer Stelle seine fundierte anthropologische Begründung: Nach Montessoris Überzeugung erlaubt das Prinzip der Wahlfreiheit sowohl die Offenbarung innerer Motive, Lerninteressen und Entwicklungsbedürfnisse als auch deren Befriedigung zum jeweils optimalen Zeitpunkt.

6.3 Was versteht man unter Montessori-Freiarbeit?

Zur Beantwortung dieser Frage bieten wir Ihnen im Folgenden Erklärungen aus unterschiedlichen Perspektiven an. Einen sehr anschaulichen Einblick in die Montessori-Freiarbeit vermittelt zunächst der Bericht der Lehramtsstudentin Sarah Landeck aus der Montessori-Schule Münster.

Beobachtung in der Freiarbeit

> Bereits um 7:45 Uhr ist Leonie in der Klasse und hat die *Apotheke*, ein Freiarbeitsmaterial zur Division, aus dem Regal geholt und auf ihrem Lieblingsplatz in der Ecke auf dem Boden aufgebaut. Nun sitzt sie dort und arbeitet ganz versunken, ohne sich von den langsam eintrudelnden Mitschülern ablenken zu lassen. Sie sei gestern nicht ganz fertig geworden, erklärt sie mir, darum wollte sie heute die Erste in der Schule sein.
>
> Während Leonie am liebsten auf einem kleinen Teppich arbeitet, bevorzugt Dennis das Arbeiten am Tisch: Er will heute seine »Forscherarbeit« über Stahlbeton fertigstellen und sie später der Klasse präsentieren. Nur der letzte Schliff – das

Inhaltsverzeichnis und die Seitenzahlen – fehlt noch. Doch bevor er daran weiterarbeiten kann, muss er erst einmal die Pflichtaufgaben in seinem Wochenplan abhaken. »Englischvokabeln, Matheheft und Satzteile bestimmen. Aber das geht ganz schnell, weil ich das eh schon kann.« Die Lehrer schätzen Dennis als einen sehr eigenverantwortlich lernenden Schüler.

Das sieht bei Finja ganz anders aus. Sie ist eine der ältesten in der Gruppe, die aus Schülern der 4.–6. Klasse, im Alter von neun bis zwölf Jahren, besteht. Finjas Sehfähigkeit ist stark eingeschränkt. An ihrem Arbeitsplatz hat sie eine spezielle Vorrichtung mit Kamera und Bildschirm, die es ihr ermöglicht, Texte stark zu vergrößern. Die Lehrer vermuten aber zusätzlich noch eine Lernbehinderung: »Eigenverantwortlich macht Finja nicht viel.« Lehrer und Sonderpädagogen, die die Freiarbeit begleiten, kennen die Stärken und Schwächen der Schüler gut und können so gezielt auf jedes einzelne Kind eingehen. Während Finja zum Beispiel einfachere Englischvokabeln lernt, die mit einem Sternchen versehen sind, hat Dennis sich die Vokabeln aller Schwierigkeitsstufen, mit einem, zwei und drei Sternchen, angeeignet.

Die Klassentür steht die ganze Zeit offen, denn auch auf dem Flur können die Kinder arbeiten: Da sitzen Maria und Lina auf den Sofas in der »Blauen Ecke« und korrigieren sich gerade gegenseitig ihre Englischtests. Pascal, Julian und Lisa arbeiten in der »Roten Ecke« mit den *Soma-Würfeln*. Bei diesem kniffeligen Material müssen vorgegebene Muster aus bunten Einzelformen nachgebaut werden. Seit zwei Monaten sitzen sie schon an dem Material, sagt Lina. Aber heute werden sie es vermutlich auch beenden. Dann haben sie 132 unterschiedliche Würfel gelegt.

Tobi sortiert gerade mit seiner Integrationshelferin laminierte Fotos, die seinen Tagesablauf zeigen: »Zuerst steht Tobi auf« steht unter einem Foto, auf dem er selbst zu sehen ist, wie er sich im Bett räkelt. Tobi hat einen schweren Herzfehler und seine Lebenserwartung bereits ein Jahr überschritten. Lesen und Schreiben wird er nicht lernen können.

In der Ecke haben sich ein paar Jungs aus den drei verschiedenen Klassen, die sich hier alle den geräumigen Flur teilen, an das Freiarbeitsmaterial zum Thema Steinzeit gemacht. Im PC-Raum daneben macht Jana gerade den Zehnfingertippkurs, denn sie ist bereits fertig mit allen Pflichtaufgaben. Joscha sieht ihr dabei zu und staunt nicht schlecht. Er träumt ein bisschen herum, bis Silke, seine Klassenlehrerin, ihn ermahnt, sich eine neue Arbeit zu suchen. Nun trottet er in die Klasse zurück und widmet sich wieder dem Matheheft. Wenn er etwas nicht versteht, schreibt er einfach seinen Namen an die Tafel, direkt unter das Schildchen »Ich brauche Hilfe«. Und wenn jemand gekommen ist, um es ihm zu erklären, wischt er seinen Namen wieder aus.

Obwohl alle Schüler an unterschiedlichen Themen arbeiten, jeder nach seinem Tempo und in seiner bevorzugten Lernhaltung, und obwohl Kinder auf dem Flur miteinander diskutieren, herumgehen und die Klassentüren offen stehen, herrscht während der ganzen Freiarbeitsphase eine angenehme Ruhe. Und wenn man genau darauf lauscht, hört man deutlich die Konzentration in der Luft knistern.

Und so haben einmal Bastian und Karen ihren neuen Mitschülern in der 5. Klasse einer Gesamtschule erklärt, wie Freiarbeit funktioniert:

Freiarbeit

1. *Wie fange ich an?*

   Ich suche mir erst mal eine Arbeit und fange an. Es gibt bloß ein Problem, man sollte sich nicht zu viel Zeit für das Aussuchen der Arbeit nehmen.

2. *Worauf muss ich beim Aussuchen der Arbeit achten?*

   Die Arbeit darf nicht zu schwer oder zu leicht sein.

3. *Worauf muss ich bei der Arbeit achten?*

   Dass ich mich auf die Arbeit ganz konzentrieren kann und dass sie mir Spaß macht.

4. *Was mache ich, wenn ich nicht mehr kann?*

   Dann kann ich mir eine etwas leichtere Beschäftigung suchen.

5. *Wie höre ich auf?*

   Ich packe meine Arbeit aufgeräumt fort.

Ihre Erklärung kam gut an und bestätigt Montessoris These, dass Kinder oft besser von anderen Kindern lernen als von Erwachsenen, da sie sich in ihrem Denken und Fühlen viel ähnlicher sind. Dennoch ist es wichtig und hilfreich, auch einmal zu schauen, wie der Begriff *Freiarbeit* in der Erziehungswissenschaft definiert wird. Nach Harald Ludwig, dem emeritierten Professor für Montessori-Pädagogik an der Universität Münster, ist Freiarbeit im Sinne Montessoris eine Unterrichtsform,

Definition

… in welcher der Schüler aus einem differenzierten Lernangebot den Gegenstand seiner Tätigkeit, die Ziele, die Sozialform sowie die Zeit, die er auf den gewählten Aufgaben-bereich verwenden will, im Rahmen allgemeiner Vorstrukturierungen selbst bestimmen kann. Für den Ablauf der selbst gewählten Arbeit gilt, dass der Schüler sich frei im Raum bewegen und auch Kontakte mit Mitschülern aufnehmen darf, etwa um ihnen zu helfen oder sich helfen zu lassen, sofern und soweit die Arbeit der anderen Schüler dadurch nicht gestört wird. Mit der Wahl der Arbeit ist die Verpflichtung verbunden, sie möglichst auch zu Ende zu führen« (Ludwig [Hrsg.] 2003: 27).

Es gibt in der Freiarbeit weitgehende Freiheiten in der Wahl

■ *des Lerngegenstandes:* Die Kinder wählen aus einem möglichst reichhaltigen Angebot eine Aufgabe bzw. ein Material aus, das ihren persönlichen Interessen, Lernvorausset-zungen und Arbeitsvorhaben besonders entspricht. Damit legen sie sich auf ein Fach, ein Thema oder einen Lernbereich fest und wählen den geeigneten Schwierigkeitsgrad der Aufgabe und das Ziel. Sie bestimmen selbst, ob sie sich etwas Neues erarbeiten oder Bekanntes wiederholen und vertiefen.

- *der Sozialform:* Die Kinder entscheiden selbstständig, ob sie alleine, mit einem Partner oder in der Gruppe arbeiten wollen.
- *der Zeit:* Die Kinder dürfen nach ihrem individuellen Lerntempo arbeiten und ihre Übungen so oft wiederholen, wie es nötig ist. Sie sind auch frei in der individuellen Gestaltung ihrer Pausen, solange sie niemanden bei der Arbeit stören.
- *des Arbeitsplatzes:* Auch hier haben die Kinder weitgehende Freiheiten. Sie dürfen im Gruppenraum, auf dem Flur oder in der Schulbibliothek arbeiten. In vielen Montessori-Einrichtungen arbeiten sie auch auf kleinen Teppichen auf dem Boden. Sie dürfen sich leise im Raum bewegen und andere Lernräume und Klassen aufsuchen (*Prinzip der offenen Türen*).

»Wir unterbrechen die Beschäftigung der Kinder nicht und verlangen nicht, daß sie statt Lesen plötzlich Rechnen sollen oder anderes. Mit einer solchen Haltung glaubt man den Bildungsgang des Kindes zu leiten, aber in Wirklichkeit führt man das Kind in Verwirrung und stört die Entwicklung seiner Bildung. Wir haben weder im Kinderhaus noch in der Schule ein festes Programm. Wir bauen nicht auf dem Kollektiv-Unterricht auf« (Montessori 1965: 22).

6.4 Freiarbeit und ihre Voraussetzungen

Wenn Sie diese Unterrichtsform nach den bisherigen Ausführungen für vernünftig und überzeugend halten – haben Sie dann vielleicht den Eindruck gewonnen, die Freiarbeit sei ein »pädagogischer Selbstgänger«?

In einer älteren Ausgabe des amerikanischen Satire-Magazins *Mad* findet sich der hier abgebildete Cartoon: Eine Lehrerin wendet sich freundlich und erwartungsvoll an ihre Klasse und bietet den Kindern eine Stunde Freibeschäftigung an: »Da kann jeder tun, was er will ... sofern er die anderen nicht stört!« Wer nun wahre Begeisterungsstürme erwartet, sieht sich überrascht: Die Pointe besteht darin, dass die Klasse mit grimmigen Gesichtern, aber einstimmig im Chor antwortet: »MUSS DAS SEIN?!?«

Diese Reaktion muss zumindest für Montessori-Pädagogen völlig unerwartet kommen, steht doch die freie Wahl der Arbeit durch das Kind im Mittelpunkt des Lernens in Montessori-Kinderhäusern und -Schulen und ist für die Montessori-Praxis pädagogisch von zentraler Bedeutung, ja geradezu konstitutiv. Ein Funken Wahrheit liegt aber darin, dass Freiarbeit eben *kein* »pädagogischer Selbstgänger« ist, sondern dass ihr Gelingen an gewisse Rahmenbedingungen geknüpft ist. Maria Montessori selbst nennt in diesem Zusammenhang als die *drei tragenden Säulen* der Freiarbeit und wichtige Voraussetzungen für deren Gelingen:

Notwendige Rahmenbedingungen

»Heute könnt ihr tun, was ihr wollt!«
aus: MAD Magazine © E.C. Publications, Inc.

1) **eine reichhaltige, anregende Lernumgebung,** denn an die Stelle der Unterweisung durch den Erwachsenen tritt die Selbstunterrichtung des Kindes mit Hilfe des Montessori-Materials. Die Erzieherin oder der Lehrer bereiten eine Lernumgebung vor, in der durch vielfältige interessante Angebote das selbsttätige Arbeiten der Kinder angeregt wird. Je besser die Umgebung den individuellen Lernbedürfnissen des Kindes entspricht, desto mehr kann die (lehrende) Tätigkeit des Erwachsenen zurücktreten.

2) den zurückhaltenden **Erwachsenen als Lernpartner und Berater.** Da das Kind nach Montessori Bildner seiner eigenen Persönlichkeit ist, muss die Erzieherin oder der Lehrer tendenziell stärker passiv werden, damit das Kind aktiv werden kann. Dennoch bleiben Kinder grundsätzlich auf die pädagogische Hilfe der Erwachsenen angewiesen, so dass zur Arbeit des Montessori-Pädagogen vielfältige und anspruchsvolle Aufgaben gehören.

3) **vielseitiges Freiarbeitsmaterial,** das selbsttätiges Lernen anregt und unterstützt. Das Montessori-Material als Schlüssel zur Welt »übersetzt« abstrakte Inhalte in materialisierte Form und macht sie so be-greifbar, mit allen Sinnen erfahrbar. Montessori bietet Unterrichtsgegenstände in Form von Lernmitteln an, die eine selbstständige Erarbeitung durch handelnden Umgang ermöglichen.

Dürfen Kinder in der Freiarbeit machen, was sie wollen?

In ihrem Spätwerk *Das kreative Kind* schreibt Maria Montessori: »Eine vornehme Dame besuchte eines Tages unsere Schule, und aufgrund ihrer veralteten Mentalität sagte sie zu einem Kind: ›Hier könnt ihr also tun, was ihr wollt, nicht wahr?‹ Und das Kind antwortete: ›Nein, wir tun nicht das, was wir wollen, sondern wir wollen das, was wir tun‹« (Montessori 2007: 228). In diesem humorvollen Wortspiel verbirgt sich eine tiefgründige Überlegung, die eng mit Maria Montessoris Verständnis von Freiheit und Verantwortung verknüpft ist. Sie weiß, dass Kinder den feinen Unterschied zwischen »tun, was einem gefällt« und »lieben, was man tut« sehr genau spüren.

»Wir tun nicht das, was wir wollen, sondern wir wollen das, was wir tun«
(Montessori 2007: 228).

Freigabe zum Freiwerden

Nach Montessoris Überzeugung müssen wir dem Kind *Freiheit geben, damit es sich zu einem freien Menschen entwickeln kann*. Hier wird schon die Zweipoligkeit ihres Freiheitsbegriffes deutlich: Die Entwicklungsfreiheit des Kindes, seine Befreiung vom Zwang und der erdrückenden Übermacht des Erwachsenen, ist die entscheidende Voraussetzung für sein eigentliches Freiwerden im Sinne sittlicher Freiheit. Erziehung soll sich von Anfang an durch ein Höchstmaß an Freiheit auszeichnen, ohne die es nach Montessori keine vollständige Entwicklung der Personalität im Sinne einer optimalen Entfaltung aller individuellen Anlagen geben kann. Der Erwachsene wird dabei zum Anreger, Helfer und Begleiter dieser kindlichen Entwicklung in Freiheit.

Montessoris zweipoliger Freiheitsbegriff

Diese so verstandene Entwicklungsfreiheit ist die Voraussetzung für das eigentliche Freiwerden des Menschen: die sittliche Freiheit als die Fähigkeit, das Gute zu wollen und zu tun. Dazu muss der Mensch aber frei sein von inneren und äußeren Zwängen. Er darf nicht Sklave seiner eigenen Triebe, Impulse, Stimmungen und irrationalen Affekte sein. Der freie Mensch ist nach Montessori *Herr seiner selbst*. Er ist imstande, rational abzuwägen, bewusste Entscheidungen zu treffen und sich an die Stimme seines Gewissens zu binden. In diesem Sinne stellt Montessori fest, dass Freiheit und Disziplin »zwei Seiten derselben Medaille sind« (Montessori 2007: 257). Damit meint sie aber keine äußerliche, aufgezwungene Disziplin, die etwas mit Anpassung und Unterdrückung zu tun hat. Vielmehr geht es Montessori um eine aktive Selbstdisziplin, die von innen kommt und sich nur dann entwickeln kann, wenn man dem Kind Freiheit lässt, ihm Raum für eigene Entscheidungen und eigenverantwortliches Handeln gibt. Innere Freiheit und Selbstdisziplin sind nach Montessori also nicht angeboren, sondern müssen erst mit pädagogischer Hilfe aufgebaut werden.

»Wie können wir von Demokratie oder Freiheit sprechen, wenn wir vom Anbeginn seines Lebens an das Kind dazu anhalten, Tyrannei zu erdulden und einem Diktator zu gehorchen? Wie können wir Demokratie erwarten, wenn wir Sklaven erzogen haben? Wirkliche Freiheit beginnt am Anfang des Lebens, nicht erst im Erwachsenenalter« (Montessori 1998: 113).

Freiheit und ihre Grenzen

Aber wie frei soll ein Kind »am Anfang des Lebens« sein dürfen? Wie viel Freiheit ist später notwendig? Montessori kritisiert scharf die alte, autoritäre Erziehung, entgeht aber der Gefahr, einfach ins Gegenteil zu verfallen. Mit Freiheit in der Erziehung meint sie nicht Willkür, Grenzenlosigkeit und Laisser-faire. Sie warnt davor, Kinder aus einem falschen Freiheitsverständnis heraus sich selbst zu überlassen. Dies hält sie für vollkommen verfehlt, denn daraus resultieren für sie allenfalls verschiedene Formen des Fehlverhaltens, *Untugenden* oder sogar *Verwahrlosung*.

Für Montessori kann sich der Mensch nur innerhalb bestimmter Grenzen realisieren: der Raum und die Zeit, in denen wir leben, die Ansprüche unserer Mitmenschen oder die Eigengesetzlichkeit der Dinge bewirken, dass unsere Freiheit immer nur relativ ist. Absolute Autonomie gibt es nicht. Freiheit und Bindung stehen daher in einem unauflösbaren Spannungsverhältnis zueinander, das auch in der Erziehung zu berücksichtigen ist – durch eine Ausbalancierung von Freigabe einerseits und pädagogischer Führung andererseits. Dieses Verhältnis bestimmt sich für Montessori durch den jeweiligen Entwicklungsstand und den erreichten Grad an Unabhängigkeit. Durch genaue Beobachtung will sie die individuelle Freiheitsfähigkeit eines Kindes erkennen: Mit welchen Freiheiten kann es schon umgehen? Welche Freiräume verunsichern, ängstigen und überfordern es eher? Dazu gibt Montessori vielfältige pädagogische Hinweise, die mit Feingefühl entsprechend umzusetzen sind.

Freiheit und Bindung

Da Freiheit und Bindung oder Freiheit und Disziplin für Montessori untrennbar zusammengehören, können Kinder eben *nicht* tun, was sie wollen. Wo sie frei wählen und entscheiden dürfen, müssen sie zugleich ihr Handeln verantworten. Das heißt: Das Kind ist frei, schöpferische Bindungen einzugehen und Verantwortung zu übernehmen. Dazu leitet der Erwachsene die Kinder in der Vorbereiteten Umgebung solchen Situationen und Lernangeboten zu, die sie zu Akteuren ihrer eigenen Bildung werden lassen. Montessori führt auf diese Weise das Kind, indem sie es freilässt, sie fördert das Entstehen einer inneren Disziplin, indem sie Freiheit gibt.

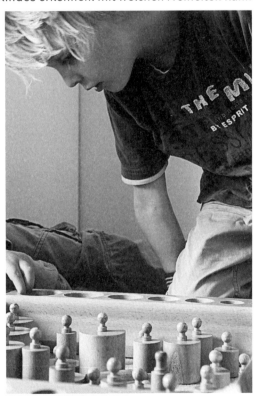

Arbeit mit den Einsatzzylindern

6.4 Freiarbeit und ihre Voraussetzungen

73

Freiheit und die Situationen verpflichtender Art

Montessori hält zu viel Freiheit für fragwürdig, wenn man dem Kind nicht zugleich auch reizvolle, herausfordernde Aktivitäten anbietet. In diesem Sinne ist Freiarbeit etwa zum Scheitern verurteilt, wenn die Kinder keine (oder zu wenige) interessante Wahlmöglichkeiten und Aufgaben vorfinden. Problematisch ist es auch, wenn ein Kind gar nicht weiß, zwischen welchen Alternativen es wählen kann. Es wird mit der Aufforderung »Du kannst jetzt tun, was du möchtest« nicht glücklich, wenn es sich hilflos und überfordert fühlt. Freiheit bedeutet auch nicht, dass man andere in ihrer Konzentration stören, sie beleidigen, ihnen Material wegnehmen oder dieses zweckentfremden darf.

Verantwortung ohne Überforderung

In Montessori-Einrichtungen schaffen *pädagogische Situationen verpflichtender Art* zahlreiche Anlässe zu gegenseitiger Hilfe und Rücksichtnahme, zu gemeinsamen Absprachen und zu einem durch Geduld, Freundlichkeit und Toleranz gekennzeichneten Umgang miteinander. Das ist für Montessori gelebte sittliche Freiheit: Die Kinder sollen wählen, Entscheidungen treffen und Verantwortung übernehmen dürfen.

- Der Erwachsene greift nur ein, wenn ein Material in einer nicht lernförderlichen oder destruktiven Weise benutzt wird.
- Wandert ein Kind längere Zeit ziellos umher, ohne sich für eine Arbeit entscheiden zu können, wird ihm Hilfe angeboten. Denn einem Kind Freiheit zu geben, das noch nicht damit umgehen kann, hieße *den Sinn der Freiheit zu verraten*. Hier sind eine gute Beobachtungsgabe, Geduld und pädagogisches Feingefühl aufseiten des Erwachsenen nötig.
- Kinder dürfen dem Prinzip der offenen Türen zufolge *geistige Spaziergänge* durch die Einrichtung unternehmen und andere Lernorte aufsuchen. Damit ist die Verpflichtung verbunden, sich leise zu bewegen und niemanden bei der Arbeit zu stören. Die Bewegungsfreiheit wird eingeschränkt, wenn man unverantwortlich damit umgeht.
- Das Kind entscheidet auch, ob es alleine oder mit einem Partner arbeitet. Wichtig ist jedoch die Arbeitsfähigkeit der Gruppe. Für Montessori bedeutet freie Wahl der Arbeit keineswegs die Freiheit zum Nichtstun. So können Arbeitspartnerschaften aufgelöst werden, wenn vereinbarte Regeln nicht eingehalten werden.
- In der Freiarbeit arbeitet jeder nach eigenem Tempo, solange er mag. Auch Pausen werden meist individuell gestaltet. Allerdings müssen die Kinder lernen und akzeptieren, dass die Freiarbeit zeitlich begrenzt ist und von anderen Arbeitsformen abgelöst wird.

Schließlich wird auch auf die Einhaltung von allgemeinen Regeln des Zusammenlebens geachtet: »Die Freiheit des Kindes muß als Grenze das Gemeinwohl haben, als Form das, was wir als Wohlerzogenheit bei seinen Manieren und seinem Auftreten bezeichnen. Wir müssen also dem Kind all das verbieten, was die anderen kränken oder ihnen schaden kann« (Montessori 2010: 63).

Das Montessori-Kinderhaus und die Montessori-Schule bieten somit besondere Freiräume, die nicht überall in der pädagogischen Praxis selbstverständlich sind. Man setzt großes Vertrauen in die Fähigkeit der Kinder zur Selbstorganisation und Eigenverantwortung. Dem liegt die Überzeugung zugrunde, dass eine innere Führung das Kind dazu anregt, von sich aus die Dinge lernen zu wollen, die für seine Bildung notwendig zu sein scheinen. Das Prinzip der freien Wahl der Arbeit gibt keine Garantien – aber es erhöht die Chancen, dass die Kinder wirklich das *wollen, was sie tun*, und motivierter, interessierter und erfolgreicher lernen.

Unsere Überlegungen in diesem Abschnitt lassen sich zusammenfassend so darstellen:

Freie Wahl ...	Freihelt	Bindung
der Arbeit	Material / Aufgabe nach individuellem Interesse wie Fach, Lernbereich, Schwierigkeitsgrad, Lernziel	Kein Freibrief zum Nichtstun; sachgemäße Handhabung des Materials; möglichst Vollendung der begonnenen Arbeit; jedes Material nur einmal vorhanden
des Arbeitsplatzes	Prinzip der offenen Türen; Möglichkeit geistiger Spaziergänge	Nur leises und rücksichtsvolles Herumgehen; niemanden beim Arbeiten stören
des Arbeitspartners	Einzel-, Partner- oder Gruppenarbeit	Arbeit soll produktiv und die Gruppe arbeitsfähig sein
der Arbeitszeit	Offener Anfang; Arbeit nach individuellem Lerntempo und in selbst bestimmter Dauer	Zeitliche Begrenzung der Freiarbeit; Verpflichtung, ab einem vereinbarten Zeitpunkt bei der Arbeit zu sein

Welche Regeln haben sich in der Freiarbeit bewährt?
Zunächst einmal ist festzuhalten, dass Regeln am wirksamsten sind und von allen Beteiligten am besten eingehalten werden, wenn

- sich eine Gruppe in einem demokratischen Prozess des Aushandelns und Sich-Verständigens diese Regeln selbst gibt,
- alle Kinder und Pädagogen an der Entwicklung der Regeln beteiligt sind,
- die Absprachen z. B. auf einem Poster schriftlich festgehalten, von allen als Selbstverpflichtung unterschrieben und im Raum ausgehängt werden, statt sie in einer Schublade verschwinden und schnell wieder in Vergessenheit geraten zu lassen,
- gemeinsam auf das Einhalten der Regeln geachtet und das Regelwerk regelmäßig reflektiert und ggf. überarbeitet wird.

Und so könnte das Regelwerk einer Montessori-Klasse aussehen:

6.4 Freiarbeit und ihre Voraussetzungen

Regeln für die Freiarbeit

1. Ich entscheide mich, für *welches Fach* ich arbeiten möchte, und nehme mir eine Aufgabe gezielt vor. *Wichtig*: Diese Aufgabe sollte nicht zu schwer und nicht zu leicht sein, sondern gerade richtig!

2. Ich teile mir die verfügbare *Zeit* sinnvoll ein (auswählen – arbeiten – aufräumen).

3. Ich *konzentriere* mich ganz auf meine Aufgabe und führe jede begonnene Arbeit möglichst zu einem ordentlichen Ende.

4. Erst wenn ich das Material sorgfältig *aufgeräumt* habe, suche ich mir eine neue Aufgabe.

5. Arbeiten mit einem *Abgabetermin* muss ich pünktlich abliefern und notiere in meinem Freiarbeitsplan, wann ich sie erledigt habe.

6. *Schriftliche* Arbeitsergebnisse halte ich sorgfältig in meinem Freiarbeitsordner fest.

7. Das Klingeln der Glocke bedeutet: »*Stille*«.

Wie lässt sich die Lernentwicklung dokumentieren?

In diesem Regelwerk ist von Freiarbeitsplänen und Freiarbeitsordnern die Rede, die es in dieser Form bei Maria Montessori selbst allerdings noch nicht gab, sondern die erst in neuerer Zeit an vielen Montessori-Schulen bzw. in ähnlicher Form auch in Montessori-Kinderhäusern Einzug gehalten haben. Es geht dabei nämlich um die Frage, wie sich die individuelle Lernentwicklung von Kindern darstellen und dokumentieren lässt. Wie behalte ich als Erzieherin oder Lehrer den Überblick? Wie kann ich jederzeit darüber Auskunft geben, »wo ein Kind steht«? Woher weiß ich, welche Schritte bei ihm als Nächstes »dran« sind?

Individuelle Lernentwicklung

Die Möglichkeiten dazu sind sehr vielfältig und variieren von Einrichtung zu Einrichtung. Festzuhalten ist: Hier gibt es keine Idealform und keine Norm!

Beobachtungsbögen können dazu dienen, individuelles Arbeits- und Sozialverhalten stichpunktartig zu protokollieren und auf dieser Basis Lernhilfen zu planen. An vielen Schulen führen Kinder ein Freiarbeitsheft bzw. Ordner für schriftliche Aufgaben, die vom Lehrer durchgesehen und bewertet werden. Außerdem sind sog. Pensenpläne verbreitet, welche für jeweils bestimmte Zeiträume fachliche Lernangebote, unterschieden nach Pflicht- und Wahlaufgaben, enthalten. Solche Pläne dienen der Orientierung (Was kann/soll ich tun? Was ist besonders wichtig?), dem Ansporn (Was habe ich schon geschafft? Was muss ich noch leisten?) und der Rückmeldung (Wie habe ich gearbeitet?).

In Logbücher und Lerntagebücher tragen Schüler ein, was sie am Tag geschafft und wie sie gearbeitet haben bzw. was sie sich für das nächste Mal vornehmen. In »Büchern des Könnens« markieren sie gemeinsam mit ihrem Lehrer, welche Kompetenzstufe sie in welchem Lernbereich bereits erreicht haben bzw. was es noch zu tun gibt, um die nächste

Woche vom ....14.6........ bis ....18.6.2010......................

Montag	Dienstag	Mittwoch

Deutsch

Satzgliedermappe
S.14-20
G7   Eva

Mathematik

Montag	Dienstag	Mittwoch
	Idee des Messens G7. Geübt	Mit Eli umrechnen geübt

Gesellschaft / Englisch

Geschichte
schreiben
„Love Story"

So habe ich gearbeitet:

+	✗	0	-	✗	0	-	✗	0	-

Daran will ich denken:

Logbucheinträge

6.4 Freiarbeit und ihre Voraussetzungen

Freiarbeit: Gesellschaft   **Zeitraum: 18.02-01.04.2011**

„Orientierung auf der Welt"

Name: _____

Pflichtaufgaben	Material	erledigt	Lehrer
1.) Die Welt im Überblick	AB + Atlas		
2.) Die Kontinente – eigene Karte erstellen! A3 Arbeitskarten <u>oder</u> Wandkarte	AK + AB + Karte Folienstift		
3.) Wie unterteilt sich die Erde	AK, Folienstift		
4.) Längen und Breitengrade: Aufgaben	AB		
5.) Die Erde im Gradnetz 1	AB		
6.) Wir zeichnen das Gradnetz (* oder ***)	AB		
7.) Teile der Erde im Gradnetz - Puzzle	AB		
8.) Europa im Gradnetz (* oder ***)	AB		
9.) Klimazonen der Erde (* oder ***) + Logico Karte „Klimazonen & Vegetation"	AB + Logico		
Wahlaufgaben	**Material**	**erledigt**	**Lehrer**
11.) Erstelle deine eigene Weltkarte – trage Meere, Flüsse, Seen, Gebirge & Berge ein	AK, Folienstift AB		
12.) Kontinente – Ein Legespiel	AK		
13.) Entfernungen auf der Erde	AB		
14.) Orte der Erde im Gradnetz	AB		
15.) Wir üben das Gradnetz (***)	AB		
16.) Die Welt im Fernsehen	AK		
17.) Klimazonen der Erde – Ein Legespiel	AB		
18.) Rekorde der Erde			

Freiarbeitsplan

Stufe zu erreichen. All dies sind hilfreiche Instrumente zur Begleitung und Unterstützung des freien Arbeitens, die Montessori noch nicht kannte.

Wie aktuell ist die Freiarbeit?

Heterogenität und *Differenzierung* sind zwei ganz zentrale Begriffe der aktuellen Schulentwicklungsdiskussion. Unterrichtskonzepte, die eine Individualisierung des Lernens versprechen, haben gegenwärtig Hochkonjunktur. Nicht zuletzt internationale Schulleistungsstudien, aber auch neuere Ergebnisse der Lernforschung legen eine Ausweitung binnendifferenzierender Lernformen nahe. Denn es setzt sich zunehmend die Erkenntnis durch, dass das Lernen eben ein sehr individueller Prozess ist, auch wenn es im gegebenen institutionellen Rahmen meist in Gemeinschaft stattfindet und oft auch stattfinden muss. Aber lernen an sich kann nur jeder und jede selbst, denn das Lernen ist ein Prozess individuellen Sich-etwas-Aneignens. Daher muss jeder Versuch der Belehrung die individuellen Unterschiede zwischen den Kindern berücksichtigen.

Die Freiarbeit im Sinne Montessoris zählt zu den wichtigsten individualisierenden Unterrichtsformen, denn hier werden unterschiedliche Vorkenntnisse, Interessen, Lernvoraussetzungen, Lernstrategien und Leistungsstärken angemessen berücksichtigt. Die Kinder werden zum selbstständigen Planen, Ausführen und Bewerten ihrer Arbeit angeleitet und zu einer sachlich-kooperativen Lernhaltung erzogen. Der Erwachsene als Coach, attraktive Lernumgebungen, die weitgehende Verfügung über Lernzeiten, zieldifferente Arbeit, die Befähigung zur Selbstevaluation – all diese Eckpunkte moderner Entwürfe einer zukunftsfähigen Schule sind in einem reformpädagogischen Konzept wie der Montessori-Freiarbeit längst Realität.

Aspekte der Aktualität

6.4 Freiarbeit und ihre Voraussetzungen

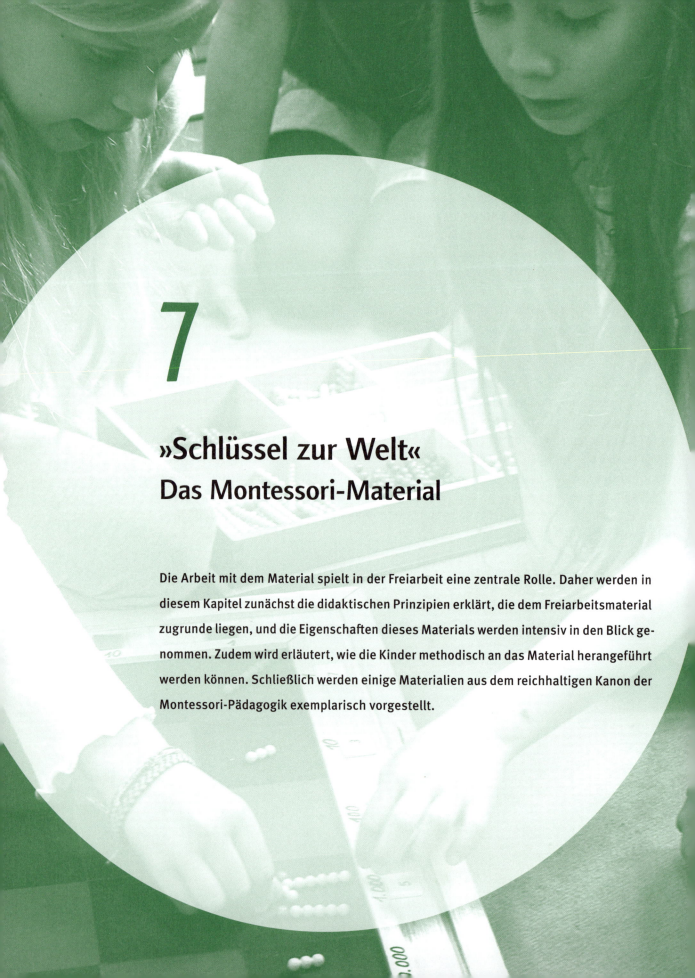

7

»Schlüssel zur Welt«
Das Montessori-Material

Die Arbeit mit dem Material spielt in der Freiarbeit eine zentrale Rolle. Daher werden in diesem Kapitel zunächst die didaktischen Prinzipien erklärt, die dem Freiarbeitsmaterial zugrunde liegen, und die Eigenschaften dieses Materials werden intensiv in den Blick genommen. Zudem wird erläutert, wie die Kinder methodisch an das Material herangeführt werden können. Schließlich werden einige Materialien aus dem reichhaltigen Kanon der Montessori-Pädagogik exemplarisch vorgestellt.

Maria Montessori hat aus ihren pädagogischen Überlegungen sowie ihren Erkenntnissen über Lern- und Entwicklungsprozesse junger Menschen praktische Konsequenzen für die konkrete Erziehungs- und Unterrichtspraxis in Kinderhaus und Schule gezogen. Dieses Kapitel handelt davon, wie kindliche Lernprozesse an Montessori-Einrichtungen angeregt, begleitet und unterstützt werden. Dazu stellen wir zunächst einige Grundsätze vor, die für diese Pädagogik charakteristisch sind und an denen sich das Lehren und Lernen in Montessori-Kinderhäusern und -Schulen orientiert. Anschließend stehen einige ausgewählte Montessori-Materialien mit ihren typischen Eigenschaften und besonderen Lernmöglichkeiten im Mittelpunkt der Betrachtung.

7.1 Didaktische Prinzipien der Montessori-Pädagogik

Den im Folgenden genannten didaktischen Prinzipien der Montessori-Pädagogik liegt also eine Auffassung vom Wesen kindlicher Lernprozesse zugrunde, die auf die Forschungen der italienischen Pädagogin zurückgeht. Es handelt sich um allgemeine Grundsätze des Lehrens und Lernens sowie charakteristische Elemente der Unterrichtsorganisation, denen an Montessori-Einrichtungen ein zentraler Stellenwert beigemessen wird und die diesen ihr besonderes Gesicht verleihen.

Jedes Kind will lernen (freie Wahl der Arbeit)
Nach Montessori steckt in jedem Menschen ein angeborener Drang zum Lernen. Kinder sind von Natur aus neugierig, wollen die Welt erkunden und unabhängig werden. Aus dieser Grundannahme heraus gewinnen Montessori-Pädagogen Vertrauen in die Selbstbildungskraft Heranwachsender und übertragen ihnen im Rahmen der Freiarbeit ein hohes Maß an Eigenverantwortung für ihren Lernprozess. Kinder lernen besonders intensiv, wenn das Thema eine Bedeutung für sie hat, etwa weil es sie brennend interessiert, neugierig macht, Fragwürdiges beinhaltet usw. Junge Menschen in Kinderhaus und Montessori-Schule sollen daher durch das Prinzip der freien Aufgabenwahl Gelegenheit erhalten, persönlichen Lerninteressen nachzugehen und motiviert zu arbeiten.

Jedes Kind lernt individuell (individualisiertes Lernen)
Das Modell des Nürnberger Trichters, nach dem der Erwachsene dem Kind etwas *beibringt* und ihm neues Wissen *eintrichtert*, ist längst überholt. Lernen ist im Kern ein Prozess individuellen Aneignens, der nicht von außen erzwungen, wohl aber unterstützt und gefördert werden kann. Jeder Mensch lernt anders. Daraus folgt für Montessori, dass nicht (immer) alle zur selben Zeit das Gleiche lernen können bzw. sollen. In der Freiarbeit werden Aufgaben, Arbeitspartner, Lerntempo und Arbeitsplatz relativ frei gewählt und individuell bestimmt. Das zieldifferente Arbeiten ermöglicht in besonderer Weise die Inte-

gration behinderter und lernbeeinträchtigter Kinder, aber auch die Förderung besonderer Begabungen. Dies gilt auch für das nachfolgende Prinzip.

Jedes Kind lernt mit allen Sinnen (Lernen mit allen Sinnen)

Lernen ist immer praktisch – Hände, Körper und Geist wollen gleichermaßen angesprochen werden. Kinder lernen nicht allein mit dem Kopf, sondern mit Kopf, Herz und Hand. In der Regel verstehen sie am besten, wenn viele Sinne beteiligt sind. In Montessori-Gruppen arbeiten Kinder daher mit anschaulichem Lernmaterial, das zum Hantieren einlädt und mehrere Sinne anspricht. Lerngegenstände werden be-handelt, so dass man vom Greifen zum Begreifen gelangen kann. Dieses Prinzip kommt nicht nur den Lernschwachen, sondern grundsätzlich allen Schülerinnen und Schülern zugute. Für viele ist die sinnliche Grundlage des Lernens unverzichtbar, für alle ist sie ein sehr motivierender Faktor.

Jedes Kind lernt selbsttätig (selbsttätiges und eigenverantwortliches Lernen)

Hilf mir, es selbst zu tun!, lautet die Bitte eines Kindes, die zum Motto der Montessori-Pädagogik wurde. Wissen muss durch konkrete Operationen aufgebaut werden und wird nicht einfach nur passiv aufgenommen, wie die konstruktivistische Lerntheorie heute weiß. Bekanntlich bleibt das gut im Gedächtnis haften, was man sich durch eigenes Handeln erarbeitet. Daher erschließen sich die Kinder in Montessori-Einrichtungen Themen und Inhalte möglichst selbsttätig, ohne Anleitung durch Erwachsene. Freiarbeit dient somit vor allem der aktiven Aneignung von Kenntnissen und nicht der Übung dessen, was der Erwachsene zuvor gelehrt hat. In Selbsttätigkeit erfolgt allerdings auch die Überprüfung der Arbeitsergebnisse durch das Kind, was dessen Fähigkeit zur Selbsteinschätzung nachhaltig fördert und seiner zunehmenden Unabhängigkeit dient.

Jedes Kind liebt das Lernen in Gemeinschaft (kooperatives Lernen)

Individuell und selbsttätig zu lernen heißt aber nicht, Eigenbrötler zu werden. Im Gegenteil: In der Freiarbeit sprechen die Schüler leise miteinander, um sich gegenseitig zu helfen. Viele Materialien und Aufgaben werden ohnehin in Partnerarbeit oder in kleinen Gruppen bearbeitet. Dabei heißt es jedoch Rücksicht nehmen und die Bedürfnisse der Gruppe respektieren. Regelmäßig stellen sich die Kinder gegenseitig vor, was sie herausgefunden und sich erarbeitet haben. So bleibt der Bezug zur Gemeinschaft der Gruppe wach und erhalten.

Jedes Kind liebt den Erfolg (intrinsisch motiviertes Lernen und Lernen in kleinen Schritten)

Arbeit nach freier Wahl und im eigenen Lerntempo kann dazu beitragen, ständige Überforderung und Frustration bzw. Unterforderung und Langeweile zu verhindern und so persönliche Erfolgserlebnisse zu ermöglichen. Der Mangel an ungünstigem Wetteifer und Konkurrenzdruck in einem zieldifferenten Unterricht wie der Freiarbeit nimmt vielen Kindern die Angst und Scheu und stärkt ihre Lernmotivation. Es zählt vor allem die individuelle Leistung und die persönliche Lernentwicklung. Die Montessori-Materialien sind so konzipiert, dass sie ein Lernen in kleinen Schritten ermöglichen. Das Bewältigen von Aufgaben durch eigene Anstrengung ermöglicht Erfolgserlebnisse, die Selbstvertrauen geben. Das stärkt die Lernfreude und Erfolgszuversicht der Kinder. Die objektive Rückmeldung durch die Selbstkontrolle am Material lässt den Fehler als Freund erleben, der hilfreiche Hinweise gibt, ohne zu beschämen.

7.2 Eigenschaften des Montessori-Materials

Nach Maria Montessori sollten Lernmaterialien für die freie Arbeit der Kinder folgende Eigenschaften aufweisen:

Isolierung einer Schwierigkeit bzw. Eigenschaft

Das Prinzip der Isolierung einer Schwierigkeit bzw. Eigenschaft ist von zentraler Bedeutung, da es das Verständnis einer Sache erleichtert. In jedem Material dominiert ein bestimmtes Merkmal oder Problem, so dass die Aufmerksamkeit auf das Wesentliche fokussiert wird, also darauf, was sich mit Hilfe des Materials begreifen lässt. Eine zeitgleiche Vermischung verschiedener Aspekte überfordert viele Kinder.

Beispiele:
- Alle Kuben des Rosa Turms weisen dieselbe Farbe (rosa) auf. Sie unterscheiden sich nur hinsichtlich ihrer Größe, da dieses Material die Erfahrung von »groß – klein« ermöglicht.
- Das goldene Perlenmaterial ermöglicht die Erkenntnis, dass in unserem Dezimalsystem der Zahl 10 eine zentrale Bedeutung zukommt. Einerperlen, Zehnerstäbchen, Hundertertäfelchen und der Tausenderkubus unterscheiden sich daher lediglich in der Anzahl der Perlen.
- Für die Entwicklung des Schreibens gibt Montessori verschiedene Übungen vor, die entweder die Stifthaltung trainieren oder aber die Einsicht in die Phonem-Graphem-Korrespondenz (Entsprechung von Lauten und Schriftzeichen) vermitteln. Der komplexe Vorgang des Schreibens wird also in Teil-Lernschritte zerlegt, einzelne Kompetenzen werden getrennt geübt.

Begrenzung

Jedes Arbeitsmittel ist immer nur einmal im Raum vorhanden. So bleibt die Lernumgebung überschaubar, und die Kinder behalten leichter den Überblick.

Begrenzung fördert Geduld, Rücksichtnahme und Kooperation untereinander, denn mitunter muss man warten, bis ein Material wieder frei ist, oder mit anderen zusammenarbeiten. Begrenzung bedeutet auch, dass die Anzahl der Bestandteile eines Arbeitsmittels limitiert ist, so dass es für alle Kinder handhabbar bleibt. Jedes Material dient zudem in der Regel nur einem bzw. einer begrenzten Anzahl von Zwecken.

Beispiele:
- Bei den Geräuschdosen genügt eine Anzahl von 2 x 6 Dosen, damit die Kinder die Erfahrung von »laut – leise« mit den entsprechenden Abstufungen machen können. Eine größere Anzahl an Dosen würde jüngere Kinder möglicherweise verwirren.
- Jedes Lesekörbchen zu Lautverbindungen wie st oder sch enthält nur eine begrenzte Anzahl an Gegenständen und Wortkärtchen, damit die Kinder den Überblick behalten.
- Der Spindelkasten dient der Einführung der Null und zeigt dem Kind, dass sich jede Zahl zwar als Einheit darstellt, jedoch aus Einzelelementen besteht (z. B. 4 = 4 Einzelelemente). Rechenoperationen werden mit diesem Material aber nicht durchgeführt.

Ästhetik / Aufforderungscharakter

Kinder haben nach Montessoris Überzeugung einen Anspruch auf ästhetisch gestaltete Materialien mit ansprechender Form- und Farbgebung.

Dies schult den ästhetischen Sinn, fördert die Wertschätzung der Angebote, fordert zum pfleglichen Umgang mit dem Material auf (»Stimme der Dinge«) und motiviert zum Lernen.

Beispiele:
- Die numerischen Stangen zur Erschließung des Zahlenraums von 1 bis 10 präsentieren sich in leuchtenden, frischen Farben (rot/blau).

Rot-blaue Stangen

Metallene Einsätze

Sandpapierbuchstaben

Globus

- Die Sandpapierbuchstaben sind auf große Holztafeln geklebt, die von den Kindern gerne in die Hand genommen werden.
- Die Globen sind schön anzusehen und fordern aufgrund ihrer teils rauen, teils glatten Fläche zum Betasten auf.

Aktivität

Ein wichtiges Merkmal der Montessori-Materialien besteht darin, dass sie konzentrierte Lernprozesse ermöglichen. Sie regen die Kinder zum aktiven Tun an, laden zu abwechslungsreichen Übungen und Wiederholungen ein und ermöglichen das Erzielen von Lernerfolgen durch eigene Anstrengung. Hilfreich ist es, wenn sie abstrakte Vorgänge, Regeln oder Probleme durch konkrete Handlungen sinnlich erfahrbar werden lassen.

Beispiele:
- Am Bruchrechenmaterial wird mit allen Sinnen einsichtig, was es bedeutet, Brüche zu addieren, zu teilen oder miteinander zu multiplizieren, weil man diese Rechenoperationen mit dem Material aktiv ausführt.
- Das große Multiplikationsbrett erlaubt die Durchführung von Multiplikationsaufgaben in verschiedenen Schwierigkeitsgraden.
- Die Arbeit mit den Wortsymbolen lässt sich mit unterschiedlich langen und komplexen Sätzen bzw. mit ganzen Geschichten variantenreich wiederholen und üben.

Bruchrechenmaterial

7.2 Eigenschaften des Montessori-Materials

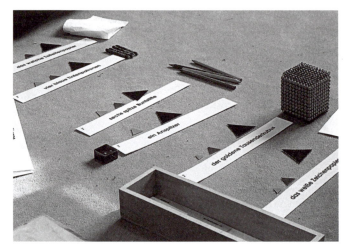

Großes Multiplikationsbrett Wortsymbole

Selbstkontrolle

Die Möglichkeit zur Selbstkontrolle soll die Selbstständigkeit fördern und das Kind von der Erzieherin oder dem Lehrer unabhängig machen. Es erfährt eine objektive Rückmeldung durch die Sache selbst statt eine – oft personenbezogene – Bewertung durch den Pädagogen. Fehler werden nicht als bedrohlich erlebt, sondern helfen weiter und geben Hinweise auf nächste Lernschritte. Oft liegt die Selbstkontrolle in der Struktur des Materials begründet, welches aufgeht oder eben nicht. Mit steigender Komplexität der Inhalte wird jedoch die Unterstützung durch Lösungsbögen, Taschenrechner, Mitschüler und Lehrer immer wichtiger.

Beispiele:
- Die vier Zylinderblöcke bestehen aus je zehn Einsatzzylindern, die sich in einer, zwei oder drei Dimensionen (Höhe, Breite, Tiefe) unterscheiden. Die Kontrolle ist dadurch gegeben, dass alle Zylinder passend eingesetzt werden und keiner übrig bleibt, die Übung also aufgeht.
- Bei den Geruchsdosen hilft eine Markierung unter den Dosen, die korrekte Zuordnung zu überprüfen.
- Bei der Großen Division erlauben der Taschenrechner oder die Lösungskarte eine Selbstkontrolle.

Diese Eigenschaften sollen beispielhaft an einigen ausgesuchten Materialien näher beleuchtet werden. Doch zunächst ist kurz auf die Frage einzugehen, wie die Kinder mit dem Material überhaupt vertraut gemacht werden.

86 *7. Das Montessori-Material*

7.3 Lektionen zur Einführung von Material

Damit die Kinder wirklich frei wählen können, müssen sie natürlich wissen, was zur Auswahl steht. Sie müssen also die zur Verfügung stehenden Arbeitsmittel kennen und mit ihnen vertraut sein. Zu diesem Zweck bietet Maria Montessori einem Kind, das seine Bereitschaft dazu signalisiert und Interesse an einem bestimmten Material bekundet, eine sog. *Einführungslektion* an, die einzeln oder in einer kleinen Gruppe stattfindet.

Dazu bereitet man zunächst gemeinsam mit dem Kind den Arbeitsplatz vor und holt dann das entsprechende Material aus dem Regal, damit das Kind den Aufbewahrungsort und die korrekte Handhabung beim Tragen kennenlernt. Nun kann das Kind erste Erfahrungen mit dem Material sammeln, indem es dieses berührt, wiegt, vergleicht, von allen Seiten betrachtet und seine Eigenschaften erkundet. Danach demonstriert die Erzieherin oder der Lehrer die Handhabung ruhig und mit ökonomischen Bewegungen, da die Aufmerksamkeit nicht vom Eigentlichen abgelenkt werden soll. Zu vermeiden ist nach Montessori auch eine »Flut von unnötigen Worten und ungenauen Erzählungen« (Montessori 2010: 130). Sobald das Kind selbstständig weiterarbeiten möchte, entfernt sich der Erwachsene und beobachtet das Kind aus einiger Entfernung. Gelingt die Arbeit nicht, wird die Einführung zu einem späteren Zeitpunkt noch einmal angeboten.

Zurückhaltende Präsentation

Interesse und Begeisterung des Erwachsenen sind auf dieser Stufe ebenso bedeutsam wie das Material selbst, da dieses seine positiven Wirkungen nicht von alleine zeigt und seine Lernmöglichkeiten nicht von alleine entfaltet. Nach Montessori muss man es verstehen, »in der Seele des Kindes den darin schlummernden Menschen anzusprechen«. Denn schon an der Scuola Ortofrenica waren nicht die Arbeitsmittel allein maßgeblich, sondern die »Stimme, die sie anrief, die Kinder *weckte* und dazu antrieb, das didaktische Material zu benutzen und sich selbst zu erziehen« (Montessori 2010: 34 f).

Die in einer Einführungslektion erworbenen Kenntnisse werden auch verbal erschlossen. In der sog. *Dreistufenlektion* oder *Lektion der drei Zeiten* (Montessori 2010: 184 ff) werden neue Begriffe nach einer Methode erarbeitet, die Montessori bereits in den Schriften von Edouard Séguin begegnet war:

1. Stufe: Assoziation von Sinneswahrnehmung und Name
Zunächst wird eine Beziehung zwischen Wahrnehmung und Begriff hergestellt. Nach dem Muster »Das ist ein Kubus« oder »Das ist eine Pyramide« werden beispielsweise die Fachbegriffe zur Bezeichnung der geometrischen Körper eingeführt. Das Kind kann seinen optischen Eindruck durch das Betasten des jeweiligen Körpers vertiefen, so dass ihm die Beziehung zwischen Bezeichnung und Bezeichnetem deutlich wird.

2. Stufe: Wiedererkennen des entsprechenden Gegenstandes
Hier erfolgt die feste Verknüpfung von Objekt und Namen. Das Kind beweist durch sachangemessenes Reagieren auf Aufforderungen wie »Gib mir das dreiseitige Prisma« oder »Leg den Quader auf das Lehrerpult«, dass es die Zuordnung verstanden hat. Diese Stufe

7.3 Lektionen zur Einführung von Material

enthält ein stark spielerisches Element und trägt dem kindlichen Bewegungsdrang Rechnung. Sie gilt Montessori als wichtigste Phase, da es hier durch passiven Sprachgebrauch zu einer Fixierung der Begrifflichkeit kommt.

3. Stufe: Erinnerung an den entsprechenden Namen
Der aktive Sprachgebrauch wird dadurch gefördert, dass das Kind auf Fragen nach dem Muster »Was ist dies?« die neuen Begriffe wiederholt und gezeigte Körper korrekt benennt. Auf diesem Wege erfolgt eine Überprüfung und Sicherung des Gelernten.

7.4 Materialbeispiele

Übungen des täglichen Lebens in Kinderhaus und Schule: Der Schleifenrahmen

Innerhalb dieser Übungen gehört der Schleifenrahmen – neben anderen Rahmen mit Verschlüssen (Knöpfe, Haken und Ösen, Schnallen, Reißverschluss usw.) – zu den Übungen des praktischen Lebens. Diese sollen die Selbstständigkeit des kleinen Kindes im Alltag fördern (hier: An- und Ausziehen).

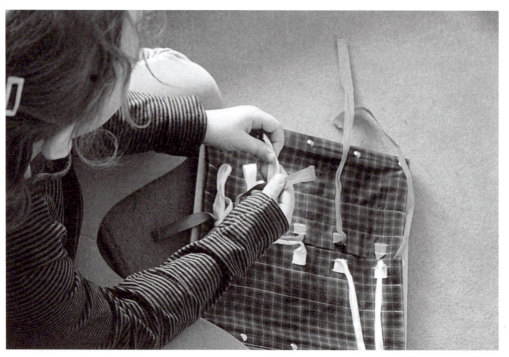

Schleifenrahmen

7. *Das Montessori-Material*

Material: Quadratischer Holzrahmen mit zwei Stoffhälften, an deren Innenseite die Schleifenbänder (eine Seite rot, eine weiß) angebracht sind.

Alter: Ab etwa drei Jahren.

Förderziele: Entwicklung der Feinmotorik und Bewegungskoordination, Förderung der Selbstständigkeit des Kindes.

Einführung: Indem sie mit deutlichen Bewegungen die Enden der Bänder nach außen zieht, öffnet die Erzieherin von unten nach oben alle Schleifen, löst anschließend die Knoten und klappt die Stoffteile auseinander. Sie streicht diese glatt und zieht die Bänder zur Seite weg. Nun legt sie die Stoffhälften beidhändig zur Mitte und die beiden unteren Bänder durch Kreuzen der Arme übereinander. Ebenso verfährt sie mit den anderen Bändern. Mit langsamen und gut nachvollziehbaren Bewegungen schiebt die Erzieherin das Ende des oberen Bandes unter das andere und zieht es heraus, bildet mit einem Band eine Schlaufe und hält diese dicht am Knoten fest. Mit Daumen und Zeigefinger der anderen Hand führt sie das andere Band um die Schlaufe herum und steckt es durch die Öffnung über dem Knoten. Dann zieht sie beide Schlaufen gleichzeitig an, so dass eine Schleife entsteht.

Weitere Übungen:

- Das Kind wiederholt diese Darbietung vollständig oder übt in Teilschritten.
- Das Kind übt das Binden der Schleife bei sich oder an der Kleidung anderer Kinder.

Ein Sinnesmaterial für Kinderhaus und Schule: Die geometrischen Körper

Die geometrischen Körper zählen zur Gruppe der Sinnesmaterialien, genauer gesagt zu den Materialien zur Unterscheidung von Formen.

Material: Ein Korb, ein Tuch, eine Augenbinde, zehn blaue geometrische Körper: Kugel, Ellipsoid, Ei (Ovoid), Zylinder, drei- und vierseitige Pyramide, Kegel, Quader, Kubus, dreiseitiges Prisma. Ein Kasten mit den Grundflächentafeln.

Alter: Erste Einführung mit ca. drei Jahren, aber auch im Grundschulalter hilfreich und beliebt.

Förderziele: Kennenlernen der geometrischen Körper (Namen, Merkmale und Funktionen), Schulung des stereognostischen Sinnes, indirekte Vorbereitung auf die Geometrie.

Einführung: Die Erzieherin wählt einen Körper aus und umgreift ihn mit beiden Händen. Das Kind führt die gleiche Handlung aus. Nach und nach umfassen sie alle Körper auf diese Weise. Dann schließt die Leiterin die Augen und bittet das Kind, ihr einen Körper in die Hand zu legen. Sie umfasst diesen aufmerksam und gibt ihn dem Kind zurück. Das Kind legt den Körper zwischen die anderen. Die Leiterin öffnet die Augen und zeigt auf den Körper, den sie in der Hand hatte. Diese Übung wird vom Kind wiederholt, später auch mit den anderen Körpern.

Wortlektion: Über die Bezeichnungen der einzelnen Körper, ausgehend von den meist schon bekannten wie Kugel oder Würfel, können die Begriffe rollen, kippen, drehen, Ecke, Fläche, Kante und Grundfläche eingeführt werden.

Weitere Übungen:

■ Die Körper liegen im zugedeckten Korb. Das Kind fasst hinein, betastet einen Körper, benennt ihn und holt ihn heraus. Alternativ: Die Erzieherin nennt einen Körper, und das Kind sucht diesen aus dem zugedeckten Korb heraus.

■ Die Körper liegen im zugedeckten Korb. Das Kind fasst hinein, betastet einen Körper und sagt, ob er rollt oder kippt.

■ Das Kind bildet die Menge der Körper, die nur rollen, die nur kippen und derjenigen, die rollen und kippen. Die Schnittmenge kann durch das Auslegen einer Schnur o. Ä. verdeutlicht werden.

■ Das Kind sucht in der Vorbereiteten Umgebung nach Gegenständen, die rollen oder kippen.

■ Das Kind setzt nach und nach alle passenden Körper auf das jeweilige Grundflächentäfelchen.

■ Das Kind sucht die Menge aller Körper mit rechteckigen oder quadratischen Grund- oder Seitenflächen.

■ Die Kinder bauen die Körper aus Papier nach und spielen Ratespiele nach folgendem Muster: »Welcher Körper hat sechs Kanten und vier Flächen?«

Mathematik in Kinderhaus und Schule: Der Kleine Rechenrahmen

Der Kleine Rechenrahmen zählt zur Gruppe der Mathematik-Materialien, und zwar zu den Materialien für Operationen im Dezimalsystem.

Material: Ein hölzerner Rahmen mit vier waagerechten Drähten, auf denen je zehn Perlen aufgereiht sind. Die Farben der Perlen sind, wie bei einigen anderen Mathematik-Materialien in der Montessori-Pädagogik (Hierarchie der Zahlen, Markenspiel, Großes Multiplikationsbrett, Große Division usw.) auch: Grün = Einer, Blau = Zehner, Rot = Hunderter, Grün = Tausender. Neben den Perlenreihen markieren die Stufenzahlen 1, 10, 100 (auf weißem Feld) und 1000 (auf grauem Feld) die Stellenwerte bzw. die Stellenwertgruppen. Dazu gehören Aufgabenkärtchen und Vordrucke mit vier den Farben der Perlenreihen entsprechenden senkrechten Linien.

Alter: Ab ca. sechs Jahren, bei Interesse aber auch früher.

Förderziele: Übergang zu einer abstrakteren Zahlendarstellung, Üben der Stellenwertübergänge, Addition und Subtraktion von bis zu vierstelligen Zahlen und Übergang zu schriftlichen Rechenverfahren.

Der Kleine Rechenrahmen

Einführung: Die Arbeit mit dem goldenen Perlenmaterial ist dem Kind bereits bekannt. Um den Wert der Perlen des Rechenrahmens kennenzulernen, lässt sich die Lehrerin nach und nach die Einer-Perle, das Zehner-Stäbchen, das Hunderter-Quadrat und den Tausender-Kubus vom Perlenmaterial reichen. Dazu schiebt sie jeweils die entsprechende Perle auf dem Rechenrahmen nach rechts und benennt deren Wert: »Das ist eins!«, »Das bedeutet zehn!« usw. Anschließend zeigt sie, wie man schrittweise bis zu zehn Einern zählt und diese dann in einer Gegenbewegung (Einer zurück nach links schieben, Zehnerperle nach rechts) gegen eine blaue Zehnerperle eintauscht. Es folgt der Umtausch von zehn Zehnern in einen Hunderter und von zehn Hundertern in einen Tausender. Im nächsten Schritt wird das Aufschreiben der Zahlen auf den Vordrucken eingeführt. Stets wird das schriftliche Verfahren durch den optischen Eindruck (Darstellung der Zahl mit den Perlen des Rechenrahmens) unterstützt.

Weitere Übungen:
- Die Lehrerin bildet – durch das Verschieben von Perlen nach rechts – Zahlen. Das Kind benennt diese und schreibt sie auf den Vordruck. Alternativ: Eine auf dem Vordruck notierte Zahl wird auf dem Rechenrahmen dargestellt.
- Auf dem Rechenrahmen werden Zahlen mit Nullstellen (z. B. 7103 oder 2008) gebildet und benannt.
- Das Addieren von vierstelligen Perlenmengen ohne Überschreiten wird geübt. Bei einer Aufgabe wie: 2321 + 6165 wird zunächst der erste Summand nach rechts geschoben,

dann der zweite Summand hinzugefügt. Das Ergebnis kann abgelesen und der ganze Rechenvorgang auf dem Vordruck notiert werden. Einfaches Rechenpapier wird angeboten, wenn das Kind die nötige Sicherheit beim Verschriftlichen erlangt hat.

- Beim Addieren mit Überschreiten (z. B. Zehnerübergang) muss das eingeführte Tauschverfahren entsprechend angewandt werden.
- Als Nächstes wird das Subtrahieren ohne und mit Überschreiten geübt. Zu allen Rechenaufgaben werden vorbereitete Aufgabenkärtchen mit der Möglichkeit zur Selbstkontrolle zur Verfügung gestellt.

Sprache in Kinderhaus und Schule: Geographische Grundbegriffe (Karten Land/Wasser)

Im Montessori-Kinderhaus und in der Montessori-Schule bilden Leseübungen, die Begriffsbildungen ermöglichen, einen festen Bestandteil des Spracherziehungskonzepts. Dabei wird mit Gegenständen und Bildern bzw. Modellen aus Biologie, Geographie oder Geologie sowie entsprechenden Wort-, Bild- und Definitionskarten gearbeitet. Die charakteristischen Merkmale solcher Übungen sollen nachfolgend am Beispiel des Materials »geographische Grundbegriffe« dargestellt werden.

Material: Zehn Karten mit den Abbildungen unterschiedlicher Land- und Wasserformen (See/Insel, Fjord/Halbinsel, Meerenge/Landenge, Seenplatte/Inselgruppe, Bucht/Landzunge) jeweils als Negativ und Positiv. Zehn Schalen mit reliefartigen Land- und Wasserformen zum Befüllen der blauen Flächen mit gefärbtem Wasser (Lebensmittelfarbe), Knete zum Modellieren der Landformen, dazu Wort-, Bild-, Definitions- und Kontrollkarten. Text-Streifen mit Bestandteilen der Definitionen. Ein kleines Definitionsbuch dient der Selbstkontrolle.
Alter: Ab ca. sechs Jahren, bei Interesse aber auch früher. Hilfreich und beliebt auch in der Sekundarstufe.
Förderziele: Geographische Formen und Fachbegriffe kennenlernen. Ein Bewusstsein für präzise Definitionen erwerben und das Lesen weiter üben.
Einführung: Das Interesse des Kindes an einer Einführung in dieses Material kann sich z. B. aus Gesprächen über die Ferien (»Wir waren auf der Halbinsel Istrien« – »Und wir an der Mecklenburger Seenplatte«) und einem Wunsch nach Klärung von Fachausdrücken ergeben.

Übungsmöglichkeiten:

- Das Kind modelliert eine geographische Form und ordnet ihr das entsprechende Bild- und Namenkärtchen zu.
- Das Kind ordnet zwei Serien gleicher Bildkarten (einmal mit aufgedruckten Namen, einmal ohne) einander zu und findet die losen Namenkarten zu den Bildern ohne Namen.

92   *7. Das Montessori-Material*

- Definitionskarten nach dem Muster »Ein großes Wasser, ringsherum von Land umgeben, ist ein See« werden Bildern oder Modellen zugeordnet.
- Die Textstreifen werden zu vollständigen Definitionen aneinandergelegt und dem entsprechenden Bild zugeordnet.
- Die Kinder malen die Darstellungen ab und schreiben die Definitionen darunter.

Ein Englischmaterial für die Schule: Animal Pictures

Material: 32 Bildkarten (DIN-A5) mit Fotos bekannter Tierarten und ihren englischen Bezeichnungen. Auf der Rückseite finden sich zur Kontrolle die Tiernamen in deutscher Sprache. Zwei Arbeitsbögen (englisch-deutsch bzw. deutsch-englisch) dienen dem Verschriftlichen des Gelernten. Darin ist je eine Spalte bereits vorgegeben.
Alter: Ab ca. acht Jahren, bei Interesse aber auch früher. Hilfreich und beliebt auch in der Sekundarstufe.
Förderziel: Kennenlernen der englischen Tiernamen.
Einführung: Die Lehrerin führt zunächst mit einer begrenzten Anzahl an Bildkarten in einer Drei-Stufen-Lektion die englischen Tiernamen und ihre Aussprache ein. Dazu lässt sie das Kind eine Auswahl treffen, z. B. nach dem Bekanntheitsgrad der Tiere oder nach der persönlichen Vorliebe. Nach und nach können weitere Tiernamen eingeführt werden.

Weitere Übungen:
- Die Kinder notieren die Tiernamen auf vorbereiteten Arbeitsbögen.
- Die Kinder fragen sich gegenseitig nach den neuen Begriffen.
- Sie gestalten sich ein kleines Tierbuch, indem sie Bilder der Tiere malen und ihre englischen Namen aufschreiben.
- In der Klasse werden gemeinsam Lieder wie *Old Mac Donald Had A Farm* oder *The Animals Went in Two by Two* gesungen oder Pantomimespiele zum Erraten der Tiernamen gespielt.
- Die Kinder basteln sich mit Hilfe von Blanko-Karten aus dem Handel ein englisches Tier-Memory (je Tier eine Bild- und eine Wortkarte).
- Die Kinder lernen kurze englische Zungenbrecher (*tongue-twisters*) mit Tieren und tragen sie vor, z. B.: »Swan, swim over the sea. Swim, swan, swim! Swan swam back again. Well swum, swan!«

7.4 Materialbeispiele

8

»Den verantwortlichen Menschen vorbereiten«
Werteerziehung nach Maria Montessori

In der Montessori-Pädagogik geht es keineswegs nur um die Vermittlung praktischer Kenntnisse und Fähigkeiten. Sie steht vielmehr, wie dieses Kapitel zeigt, in einem weiten Horizont: Sie hat ihre Wurzeln in der christlich-religiösen Tradition und strebt daher nach einer universalen Perspektive, in der die Verbundenheit mit dem und die Verantwortung für den ganzen Kosmos sowie die Erziehung zum Frieden von besonderer Bedeutung sind. Diese Themen kommen dabei nicht in erster Linie direkt, sondern eher implizit zur Geltung: nämlich in der Weise selbst, wie die Kinder zum verantwortlichen Umgang mit sich selbst, miteinander und mit der Welt angeleitet werden.

»Die Jugend von heute liebt den Luxus, hat schlechte Manieren und verachtet die Autorität. Sie widerspricht ihren Eltern, legt die Beine übereinander und tyrannisiert die Lehrer.«

Dieses Zitat stammt nicht etwa aus Presseberichten von aktuellen Debatten um den Werteverfall. Nein, es handelt sich vielmehr um ein Zitat des Philosophen Sokrates (ca. 469–399 v. Chr.), der – wie viele Pädagoginnen und Pädagogen heutzutage – beklagt hat, dass die Jugendlichen den Erwachsenen gegenüber keinen Respekt aufbringen, sich schlecht benehmen und tradierte Wertvorstellungen nicht mehr akzeptieren. Solche Generationskonflikte und die damit einhergehenden pessimistischen Bilder gehören längst nicht der Vergangenheit an. Das Phänomen der Wertedifferenz zwischen Älteren und Heranwachsenden ist ein zeitloses Thema und die Debatte darüber stets aktuell. Setzt sich nun die oben erwähnte pessimistische Einstellung des Erwachsenen gegenüber jungen Menschen in der Montessori-Pädagogik fort? Die Frage möchten wir kurz und knapp mit »Nein« beantworten. In diesem Kapitel werden wir darstellen, inwieweit die Montessori-Pädagogik zu einer Werteerziehung beiträgt.

In der Praxis der Montessori-Pädagogik kommt der Auseinandersetzung mit Werten und Normen menschlichen Zusammenlebens eine besondere Bedeutung zu. Sie ist Teil ihres pädagogischen Konzepts und geschieht zumeist indirekt und selbstverständlich. *Indirekte Werteerziehung* Montessori geht davon aus, dass Kinder auf natürliche Weise moralische Urteilsfähigkeit und Werte bilden und so unsere Gesellschaft vom Kind ausgehend verändert und verbessert werden kann. Erziehung und Bildung müssen dem Kind demzufolge Orientierung liefern und bei der Suche nach dem Sinn ihres Daseins helfen. Ein hohes Ziel – aber in der Betrachtung der einzelnen Elemente der Montessori-Pädagogik wird deren Zusammenhang mit diesem Ziel offenbar.

Die Werteerziehung in der Pädagogik Montessoris lässt sich nicht isoliert von ihrem Verständnis religiöser, sittlicher, sozialer und »kosmischer« Erziehung betrachten. Und ebenso ist ihr Verständnis von Friedenserziehung nicht denkbar ohne Werte. Erziehung und Bildung orientieren sich nach Montessori an einem religiös-christlichen Wertekanon. Wir betrachten die Werteerziehung als ein Bindeglied zwischen all diesen Themen.

8.1 Religiöse Erziehung

Religion und religiöse Erziehung gehören zur Montessori-Pädagogik und können aus dem Konzept der Reformpädagogin, für die Religion ein *Existenzial* ist, nicht ausgeklammert werden. Das heißt: Religion gehört für Montessori zum Leben eines Menschen, der sich *Religion als »Existenzial«*

auf die Suche nach dem Sinn seines Daseins macht. Sie versteht Religion als Tiefendimension menschlichen Daseins und meint damit, dass Religion da anfängt, wo Menschen den großen Themen des Lebens nachgehen wie »Wo komme ich her?«, »Wo gehe ich hin?«, »Was ist der Sinn meines Lebens?« Daher ist Religion für sie mehr als ein Fach, weil es den Menschen in seinem Dasein anspricht. Religion muss – so schreibt sie – mehr als bloß Belehrung sein.

Ebenso wie sie Kritik an den Unterrichtsmethoden ihrer Zeit übt, kritisiert Montessori die zeitgenössischen Methoden religiöser Unterweisung. Religion darf den Menschen nicht aufgedrängt werden. Montessoris reformerische Idee ist es, die religiöse Erziehung müsse an das tätige Leben des Kindes anknüpfen. Sie darf nicht ausgeklammert, aber auch nicht isoliert vermittelt werden. Sie appelliert:

»Wir müssen bedenken, dass Religion eine universale Empfindung ist, die in jedem Menschen existiert und existiert hat seit Beginn der Welt. Es ist nicht etwas, was wir dem Kind geben müssen. Gerade so, wie jedem Menschen eine Tendenz gegeben ist, Sprache zu entwickeln, ist eine Tendenz gegeben, Religion zu entwickeln. Alle Menschengruppen, seien sie hoch entwickelt oder nicht, haben zu allen Zeiten eine Religion gehabt. Sprache und Religion sind die beiden Kennzeichen jeder Menschengruppe. Religion ist etwas, das im Inneren jeder Seele ist. Sie können den Verstand verlieren, aber sie können nicht verlieren, was in Ihrem Herzen ist. Dies ist ein ganz bedeutsamer Kernpunkt. Wenn uns Religion fehlt, so fehlt uns etwas Fundamentales für die Entwicklung des Menschen« (Montessori 1989: 130).

So fordert sie den Erwachsenen auf, er möge »es wie der Priester tun: Er beugt sich voller Reue und gesteht *seine* Sünden der Welt« (Montessori 2008: 26). Montessori lässt immer wieder deutlich werden: Die Werteerziehung und damit einhergehend die soziale Erziehung erfordert ein Lernen von- und miteinander und schließlich ein Aufeinander-Zugehen. Kinderhäuser und Schulen können Erwachsenen und Heranwachsenden die Gelegenheit geben, soziale Erfahrungen des Miteinander-Lebens nach ethischen Prinzipien zu erlangen. Basis eines solchen Miteinanders ist das Einhalten gesellschaftlich geprägter Werte. Religion bietet eine entsprechende Orientierung. »Religion ist einfach und genau. Sie nennt diesen inneren Sinn an der Wurzel des Lebens: Liebe. Sie umfasst die sozialen Gesetze ebenso wie das ganze Universum« (Montessori 2008: 305).

Wie diese Ziele in der Praxis umgesetzt werden, erläutern wir in Kapitel 6 und 7.

Montessoris Ansatz für die religiöse Erziehung ist ein Spiegel damaliger Reformbestrebungen. Unabhängig von einer bestimmten Weltanschauung, geprägt jedoch von der christlich-abendländischen Tradition und einem entsprechenden Menschenbild, dient die Erziehung nach den von Montessori formulierten pädagogischen Prinzipien dazu, den Kindern auf Grundfragen des Lebens Antwort zu geben.

Wenn wir von der religiösen Erziehung nach Montessori sprechen, müssen wir zwischen impliziter und expliziter religiöser Erziehung unterscheiden.

Explizite religiöse Erziehung

Zum zeitgeschichtlichen Hintergrund von Montessoris religionspädagogischen Überlegungen gehört die liturgische Bewegung am Beginn des 20. Jahrhunderts, die auch durch einige Dekrete von Papst Pius X. (1835–1914) gefördert wurde. Deren Ziel ist es, den Kindern früher als bisher üblich den Empfang der Kommunion zu ermöglichen und sie damit stärker am aktiven christlichen Leben teilnehmen zu lassen. Zur Pädagogik Montessoris passt diese Zielsetzung genau. Sie betont: »Die Liturgie, die ein großartiger Ausdruck des Glaubensinhalts ist, mag wohl die ›pädagogische Methode‹ der katholischen Kirche genannt werden, die nicht nur durch das Wort die Gläubigen belehrt, sondern welche die verschiedenen Tatsachen und Symbole der Religion lebendig darstellt und dem Volk erlaubt, jeden Tag an ihnen teilzunehmen. Damit es lebensspendende Nahrung für seine Seele findet, braucht man dem Kind nur diese vom göttlichen Licht glänzenden Tore zur Liturgie zu öffnen« (Montessori 1995: 41). So spricht sich Montessori deutlich für die Teilnahme des Kindes an der Liturgie aus und begründet dies mit der Notwendigkeit, »Religion nicht nur zu wissen, sondern zu leben«. Dazu gehöre auch, kleinen Kindern die »großen Zeremonien der Kirche, die heiligen Symbole, de[n] tiefe[n] Sinn« (Montessori 1995: 41) zugänglich zu machen. Montessoris Einstellung, nicht nur die Lehre der Kirche, sondern auch die Perspektive des Kindes in die Erziehung einzubeziehen, ist in der Religionspädagogik der damaligen Zeit neu und revolutionär.

Liturgie

Montessori entwickelt 1913 in Barcelona ein liturgiebezogenes Konzept religiöser Erziehung. Zentrale Inhalte darin sind die Messfeier und das Kirchenjahr. Über eine kognitive Belehrung über die liturgische Praxis hinaus soll außerdem eine Vorbereitung des Kindes auf das Gemeindeleben vollzogen werden. Das Konzept enthält folgende Elemente:

Das Atrium und der Garten als vorbereitete religiöse Umgebung

Im Atrium ist »alles vereinfacht und der kleinen Person des Kindes physisch und geistig angepasst« (Montessori 1964: 41). Das Atrium ist ein vorbereiteter Raum, den man sich als eine Vorstufe der Kirche oder Kapelle vorstellen kann: Er soll die Kirche nicht ersetzen, sondern den Kindern die Möglichkeit geben, mit den christlichen Gegenständen und Symbolen frei zu arbeiten, d. h. im handelnden Tun die religiösen Symbole der Messe, z. B. »Wasser«, »Brot« und »Kreuz«, kennenzulernen.

Nach Montessori scheint jede Empfänglichkeitsperiode, jede Bereitschaft des Kindes einem göttlichen Ruf zu folgen. So ist das Materialangebot im Atrium – entsprechend den religiösen sensiblen Phasen – auf die schöpferisch-konstruktive Entwicklungsphase ausgerichtet.

Die religiösen sensiblen Phasen im Überblick

- Das Kind absorbiert in der *Phase des absorbierenden Geistes* (0–3) die in seiner (christlichen) Umgebung vorgefundenen religiösen Elemente. Es nimmt beispielsweise in der Kirche Lieder, Stimmungen, Kerzenschein usw. unbewusst auf.
- In der *Phase des bewussten Arbeiters* (3–6) *werden die Kinder* »durstig nach der gro-

8.1 Religiöse Erziehung

ßen Sicht«. Sie beschäftigen sich mit den großen Fragen, z. B.: Wo komme ich her? Was passiert nach dem Tod? »Das religiöse Gefühl wird in dieser Epoche geschaffen und später nur noch entwickelt.«

- In der *Phase der moralischen Sensibilität* (6–12) lässt sich nach Montessori eine besondere Sensibilität in der moralischen Urteilsbildung zwischen gut und böse, richtig und falsch finden: Mit zunehmender Unabhängigkeit des Kindes gegenüber dem Erwachsenen kann »Religion ein klares Bild davon geben, was wesentlich gut und schlecht ist«.
- In der *Phase sozialer Sensibilität* (12–18) geht es um eine intensive Auseinandersetzung mit der Frage nach Gott, in der es für den Jugendlichen gilt, »zu streiten für oder wider Gott« (Montessori 1995: 97 ff).

In Montessoris in Barcelona entwickelter Konzeption zur religiösen Erziehung geht sie vornehmlich auf Kinder bis zum 6. Lebensjahr ein. Ludwig nennt mehrere religiöse Aktivitäten zur Nutzung des Atriums:

> - Übungen zum Kennenlernen der liturgischen Farben
> - Schmücken und Herrichten eines altarähnlichen Tisches
> - Aufstellen und Schmücken von Heiligenfiguren
> - Benutzung des Weihwassers (Lektion Kreuzzeichen; Genauigkeit der Bewegung!)
> - Darstellung des Abendmahls im Rollenspiel zur Vorbereitung des Verständnisses des Altars
>   (Ludwig 1999: 155)

Das Atrium ist eine Anregungswelt, die die kindliche religiöse Aktivität weiterführen soll.

Ebenso wie das Atrium ist auch der Garten ein Bestandteil der vorbereiteten religiösen Umgebung. Einem Klostergarten vergleichbar soll er ein Ort der Stille sein. Hier findet man Pflanzen und Blumen, für deren Pflege die Kinder mitverantwortlich sind. Die Blumen werden als Altarschmuck eingesetzt.

> ## Materialien zur expliziten religiösen Erziehung
> - Ein Buch für Kinder: Die Messe, Kindern erklärt
> - Einführung für Kinder in verschiedene Teile der Messe: Das offene Buch
> - Ein Messbuch für Kinder: Das Messbüchlein
> - Einführung in die liturgischen Farben, Feste und kirchlichen Bräuche: Der liturgische Kalender
> - Gebete
>   (vgl. Montessori 1964)

Montessoris Wirkungsradius ist groß. Für einen Kurs in Indien hat sie auf Wunsch der Kursteilnehmer ein Gebet entwickelt.

Hilf uns, o Herr,
die Geheimnisse des Kindes zu ergründen,
dass wir es erkennen,
es lieben
und ihm dienen können
gemäß deinen Gesetzen der Gerechtigkeit
und deinem göttlichen Willen folgend.

(Montessori 1995: 107)

Es ist ganz allgemein gehalten und stellt die Beziehung des Erwachsenen zum Kind in den Vordergrund. Das Kind, das sie als von Natur aus gut betrachtet, soll vom Erwachsenen begleitet und im Sinne eines christlichen Verständnisses erzogen werden. Hier wird Montessoris Grundverständnis von Erziehung als Beziehung besonders deutlich – eine Programmatik, die sich durch ihre gesamte Pädagogik zieht. So ist es nicht verwunderlich, dass Montessoris Ansatz indirekter Erziehung heute aus religionspädagogischer Sicht eine vergleichsweise größere Bedeutung hat, da hier konsequent Montessoris (religions-) pädagogisches Anliegen berücksichtigt wird, nämlich Religion zu einem Teil des Miteinanderlernens zu machen. Die Achtung vor dem Kind, vor seinem Potenzial, vor seinen Fähigkeiten wird in den Mittelpunkt aller pädagogischen Überlegungen gestellt. Die Montessori-Pädagogik und ihr Ansatz einer impliziten religiösen Erziehung gilt in der aktuellen Religionspädagogik als modern.

Erziehung als Beziehung

Montessoris Pädagogik als implizite religiöse Erziehung

Montessori selbst hat sich zu einer indirekten religiösen Erziehung nicht systematisch geäußert. Liest man jedoch ihr Konzept, folgt es dem Prinzip: »Hilf mir, es selbst zu glauben!« In jüngster Zeit wurde diese Perspektive von dem Religionspädagogen Horst Klaus Berg wiederaufgegriffen. »Implizite religiöse Erziehung« meint: Die gesamte Pädagogik Montessoris lässt einen deutlich religiös-christlichen Bezug erkennen; religiöse Erziehung kann aus ihrem Gesamtkonzept nicht ausgeklammert werden. Im weitesten Verständnis von Religion ist Montessoris Pädagogik eine Religionspädagogik (vgl. Pütz 2006). Die Kinder lernen hier einen verantwortlichen Umgang mit Freiheit.

Religiöser Bezug von Montessoris Pädagogik

Sie erfahren in der Freiarbeit
- Mitmenschlichkeit als Grundgesetz gesellschaftlichen Lebens
- Sinnoffenheit und Sinnerfahrung
- Aktion und Meditation.

8.1 Religiöse Erziehung

Das Lernen nach den Prinzipien der Montessori-Pädagoik zielt daraufhin, dem Kind Wege anzubieten, (s)eine Religion zu entdecken.

»Hilf mir, es selbst zu glauben!« kann ebenso wie »Hilf mir, es selbst zu tun!« als programmatische Überschrift zu Montessoris Erziehungsansatz verstanden werden.

Diese Sinnsuche geht nach Montessori einher mit dem Aufgehen in Tätigkeiten. Sie betrachtet die Meditation (Polarisation der Aufmerksamkeit) als ein wichtiges Element der religiösen Erziehung und der Werteerziehung.

Kinder entdecken in der Polarisation der Aufmerksamkeit ihre eigenen Stärken und nehmen sich in ihrer Arbeit als Subjekt wahr. Montessori hat diese Entdeckung als »Offenbarung« des eigenen Selbst und als eine im weitesten Sinne religiöse Erfahrung bezeichnet.

8.2 Kosmische Erziehung

Montessoris gesamte Pädagogik wird häufig als »Kosmische Erziehung« bezeichnet. Ihre Pädagogik ist von ihrer kosmischen Weltsicht geprägt, welche deutlich eine religiöse Dimension erkennen lässt. »Kosmos« steht dabei für die Beziehung von Gott, Mensch und Natur.

Der ursprünglich griechische Begriff *κόσμος* (kósmos = Welt, Ordnung, Schmuck, Anstand) steht in der Philosophie zumeist für Weltordnung, Weltsystem, Universum. Zusammenfassend formuliert Eckert zur Erklärung der Kosmischen Erziehung:

> **»1. Alle Lebewesen haben eine Mission. Sie folgen inneren Gesetzmäßigkeiten und tragen dadurch zum Gleichgewicht der Gesamtheit der Natur bei.**
>
> **2. Die inneren Gesetzmäßigkeiten sind von Gott vorgegeben.**
>
> **3. Auch der Mensch folgt inneren – von Gott vorgegebenen – Gesetzen, ist jedoch in seinem Verhalten nicht von vornherein determiniert.**
>
> **4. Der Erzieher hat die Gesetze der Schöpfung im Kind zu achten. Seine Aufgabe ist, das Kind in seiner individuellen Entwicklung zu fördern, nicht ihm fremde Vorstellungen aufzudrängen.«**
>
> **(Eckert 2007: 39f)**

»Kosmische Erziehung« ist, allgemein gesagt, keine an Dogmen und Glaubenssätzen orientierte Erziehung, aber dennoch ist sie religiös und zielt auf eine Ordnung. Damit ist die Pflicht eines Menschen gegenüber sich selbst sowie gegenüber der Familie, der Gesellschaft, der Umwelt und Gott gemeint. Deutlich wird dieser Zusammenhang auch in der Äußerung von Mario Montessori jun. zum Konzept der »Kosmischen Erziehung« nach Maria Montessori. Er schreibt:

»Diese Art des erzieherischen Umgangs mit Kindern unterscheidet sich von den sonst in den Schulen gebräuchlichen. Die Grundidee ist, […] die Imagination des Kindes zu wecken und ihm eine Vision von der Ordnung der Dinge zu vermitteln. Die innere Ordnung der Persönlichkeit muß durch Erfahrung in einer strukturierten Welt aufgebaut werden. […] Die innere Ordnung ist notwendig, um Sinn in der eigenen Existenz sehen zu können, seine Identität zu finden, Unabhängigkeit zu erreichen und auf sinnvolle Weise zu handeln. Das Interesse an besonderen Einzelheiten wird nie aktiviert ohne ein vorrangiges Interesse am Ganzen« (Montessori, Mario jun. 2002: 179).

Frage nach dem Ganzen

Die bereits hervorgehobene indirekte Erziehung ist für Montessoris Ansatz der Kosmischen Erziehung entscheidend. Ziel ist es, den Kindern zu einer »psychischen Ordnung« zu verhelfen. »Kosmische Erziehung« soll das Interesse der Kinder an den großen Themen der Welt und des Menschen wecken und sie motivieren, diesbezüglich Fragen zu stellen. Insgesamt soll die »Kosmische Erziehung« über das Erschließen von einzelnen Fachgebieten hinausgehen und zu einer ganzheitlichen Bildung führen.

Montessori will erreichen, dass das Kind eine »Zusammenschau von Welt und Mensch im allumfassenden Universum« gewinnt und für sich – in der Schöpfung – »einen Gesamtsinn und ein Ziel […], hingeordnet auf den Menschen als ihren Sachverwalter und berufenen Gestalter einer Friedensordnung unter den Menschen« (Montessori 1988: 31f) erschließen kann.

Montessoris Pädagogik basiert auf dieser kosmischen Idee, die Kinder auf dem Wege einer wert-vollen Erziehung unterstützen kann.

Material zur Kosmischen Erziehung

Kosmische Geschichten

Die »Cosmic Tales« sind Geschichten, die Montessori ursprünglich für Teilnehmer der Ausbildungskurse verwendete, um kosmische Zusammenhänge anschaulich darzustellen. Diese narrativen Einführungen umfassen folgende Bereiche:

1. die Geschichte der Entstehung des Universums
2. die Geschichte der Entwicklung des Lebens auf der Erde
3. die Geschichte des Erscheinens des Menschen auf der Erde

4. die Geschichte der Kommunikation in Zeichen
5. die Geschichte der Jäger
(vgl. Eckert 2001: 66 f)

Zu diesen Themen hat Montessori wiederum Schlüsselgeschichten entworfen, die für 6- bis 12-jährige Schüler konzipiert sind, um »auf spannende Weise in Form panorama-artiger Überblicke Einführungen in geschichtliche, ökologische und sozial-anthropologische Zusammenhänge« (Eckert 2001: 65) zu geben.

Liebe als universale Kraft

In Montessoris Schriften und Vorträgen wird deutlich, dass sie die Liebe als menschliche Kraft versteht, der eine große Aufgabe zukommt. Sie meint dabei nicht nur die zwischenmenschliche Liebe, sondern auch die Liebe zum Universum.

»Die Liebe ist dem Menschen erteilt wie ein Geschenk, das zu einem bestimmten Zweck, einem besonderen Plan bestimmt ist, wie alles, was den Lebewesen vom kosmischen Bewusstsein mitgegeben ist. Sie muss bis zum höchsten Grad ihrer Möglichkeiten gesammelt, entwickelt und vergrößert werden. Der Mensch ist das einzige Wesen, das diese ihm gegebene Kraft sublimieren und sie mehr entwickeln kann, und es ist seine Aufgabe, sie zu sammeln, weil diese Kraft das Universum zusammenhält« (Montessori 2007: 266).

Aus dieser Perspektive lassen sich Wertvorstellungen ableiten wie

- eine verantwortungsvolle Weltgestaltung / Nachhaltigkeit
- ökologisches Bewusstsein
- die Bewahrung des Friedens
- der Gedanke der einen Welt (»La Nazione Unica«)
- der Respekt vor den Errungenschaften früherer Generationen

So fordert Montessori eine neue Form der Bildung und eine neue Moral, die darauf zielt, Menschen zu erziehen, denen man die Welt anvertrauen kann.

8.3 Friedenserziehung

Montessori verfolgte eine große Idee, nämlich die Humanisierung der Gesellschaft. Für sie sind die Bereiche der moralischen, sozialen, sittlichen und religiösen Erziehung Bestandteile eines umfassenden Ansatzes, den man unter dem Stichwort »Friedenserziehung« bündeln kann. Dieses Thema hat ihre Lebenszeit stark geprägt und bestimmt. Besonders intensiv mit dem Zusammenhang von Frieden und Erziehung auseinandergesetzt hat sich Montessori zu Beginn der 30er Jahre.

Frieden im Alltag

Frieden ist nach ihrem Verständnis keine ausschließlich politische Kategorie und meint nicht nur das Gegenteil von Krieg. Vielmehr ist Frieden ein Thema des Alltags und meint

»in Frieden leben«, »friedlich miteinander sein«. Somit ist Frieden eine sittliche Kategorie, deren Grundlage »Gerechtigkeit und [...] Liebe unter den Menschen« (Montessori 1989: 22) ist. Erziehung müsse genau da ansetzen, »Konflikte zu vermeiden«. Frieden ist dann die »natürliche Folge der richtigen Lebensform« (Montessori 1989: 78).

So hat sie sich in ihrem Leben intensiv mit der Frage auseinandergesetzt, wie Menschen zu einem friedvollen Miteinander gelangen können. Rezepte kann auch sie sicherlich nicht anbieten, wohl aber Wege aufzeigen. Frieden muss zwischen den Menschen reifen. Er ist ein Prozess, der erarbeitet werden kann, nicht aber beschlossen.

In diesem Sinne ist das Kind nach Montessori Hoffnungsträger für eine bessere Menschheit, die in Frieden zusammenlebt. Es ist Schöpfer einer neuen Menschheit, der »Nazione Unica«.

Ihre didaktischen Überlegungen, die darauf zielen, das Kind unabhängig vom Erwachsenen zu machen, sollen zugleich die hier gestellte Frage nach Möglichkeiten eines harmonischen Miteinanders beantworten. Das Kind soll dazu erzogen werden, selbstständig und selbsttätig zu sein: zum einen, damit es Autonomie erhält, und zum anderen, damit es sich keinem politischen System unterwirft. Montessori ist es wichtig, dass die Kinder lernen, ihrem Gewissen zu folgen, und dieses ist – wie gesagt – von Natur aus gut. Ihr Engagement mit dem Ziel, Menschen zu einem friedlichen Miteinander zu verhelfen, hat dazu geführt, dass sie nach 1946 von mehreren Ländern für den Friedensnobelpreis vorgeschlagen wurde (den sie aber nie erhalten hat).

Autonomie – Gewissen – Frieden

8.4 Soziale Erziehung

Die Kinder in Montessori-Einrichtungen lernen in altersgemischten Gruppen. Denn in großen, altersheterogenen Lerngruppen – so nimmt Montessori an –, können vielfältige soziale Erfahrungen gemacht werden. Durch die Altersmischung ergeben sich natürliche Möglichkeiten des sozialen Lernens. So können die Jüngeren von den Erfahrungen der Älteren lernen und umgekehrt. Die Kinder können ihr Wissen beim gegenseitigen Erklären festigen. Auch hat sich gezeigt – so Montessori –, dass Kinder in ähnlichem Alter einander Sachverhalte manchmal besser erklären können, weil sie gut verstehen, was der andere wirklich wissen möchte. Denn ein Kind muss seine eigenen Kenntnisse analysieren und ordnen, bevor es etwas erklären kann. Somit macht der Erklärende eine Erfahrung der Selbstwirksamkeit.

Ein zentraler Gedanke der Montessori-Pädagogik lautet: Das Kind muss zunächst sich selbst sehr gut kennenlernen, um die anderen Kinder mit ihren Bedürfnissen wahrzunehmen und respektieren zu können. Darin werden die Kinder in der täglichen Arbeit bestärkt, frei nach dem Prinzip: Vom Ich zum Du, zum Wir. Montessori sieht hierin einen großen gesellschaftlichen Auftrag.

»Eine neue individuelle und soziale Moral muss in dieser neuen Welt zutage treten: eine Moral, die neue Richtlinien für das Gute und Böse bringt« (Montessori 1988: 153).

Voneinander lernen
Der Erwachsene greift nur da ein, wo er gebraucht wird (vgl. Kap. 4). Er begleitet die Kinder in diesem Prozess und fordert ein soziales Miteinander ein, das darauf basiert, »durch Liebe und Achtung vor dem Kinde den Willen zum Guten« (Montessori 1965: 17) zu stärken.

Ein wichtiges Element der sozialen Erziehung ist die Vorbereitete Umgebung (vgl. Kap. 5). Jedes Arbeitsmaterial ist nur einmal pro Gruppe vorhanden. Die Kinder müssen lernen, Absprachen zu treffen, wer wann mit welchem Material wo arbeiten kann. Diese Absprachen sollen soziale Erziehung herausfordern, indem

- die Wünsche des anderen respektiert werden
- der Einzelne sich zurückzunehmen kann
- Geduld verlangt wird
- eigene Wünsche formuliert werden können.

Die Umgebung ist so gestaltet, dass sie eine soziale Erziehung herausfordert.

> ## Kennzeichen der Umgebung / Momente sozialer Erziehung
>
> **Jedes Material ist nur einmal vorhanden und hat seinen festen Platz.** / *Die Kinder müssen Absprachen treffen und sind angehalten, die Arbeit des anderen wertzuschätzen.*
>
> **Die Arbeit mit dem Material ermöglicht ein konzentriertes Arbeiten und hilft dem Kind zur Polarisation der Aufmerksamkeit.** / *Die Polarisation der Aufmerksamkeit weckt soziale Gefühle. Das Kind ist bei sich und kann sich aufgrund dieser Erfahrung besser in andere hineinversetzen.*
>
> **Regeln werden in der Gruppe erarbeitet.** / *Die Kinder lernen die Grenzen der Freiheit kennen und lernen, dass es auch gut sein kann, etwas für andere zu tun.*
>
> **Die Kinder haben Zeit und Raum für Stilleübungen.** / *Die Erfahrung der Stille ist ein Prozess des Sich-Kennenlernens. Dieser hilft den Kindern, sich auf eine Gruppe einzustellen.*

Die Werteerziehung ist ein zentraler Bestandteil in der Montessori-Pädagogik. Die italienische Pädagogin appelliert in ihren Vorträgen und Schriften an das Gewissen des Menschen und geht davon aus, dass das Kind von Natur aus gut ist. Es müsse ihm möglich gemacht werden, gut sein zu dürfen. »Menschen ohne Gewissen sind wie Tiere ohne Selbsterhaltungstrieb« (Montessori 2008: 318).

In der altersgemischten Freiarbeit schafft sie Situationen, in denen Werte gefragt und herausgefordert werden. Sie geht davon aus: Indem jeder nach seinem individuellen Tempo und an seinen Themen arbeitet

- entsteht weniger Konkurrenz und Wettstreit
- lernen die Kinder, die Lernwege der anderen wertzuschätzen

Kinder beim gemeinsamen Frühstück

- werden Verständnis, Toleranz und Empathie gefordert
- wird das Helfen als Wert geschätzt
- wird ein solidarischer Umgang gepflegt
- wird Vielfalt gelebt
- wird eine Ausgrenzung von Schwächeren vermieden
- wird Stigmatisierung reduziert
- wird ein respektvoller Umgang mit anderen Menschen gelernt.

Montessori verfolgt mit ihrer Pädagogik große gesellschaftliche Ziele. Die Kinder sollen auf ganz natürliche Art im täglichen Miteinander Werte erfahren und Werte leben.

Dem Kind wird geholfen, durch die ihm zugestandene Freiheit »Meister seiner selbst zu sein«. Ein Kind, dem diese Freiheit zuteil wird, zeigt »Wohlerzogenheit bei seinen Manieren« (Montessori 2010: 63) und trägt zu einem Miteinander bei, in dem Werte geschätzt werden.

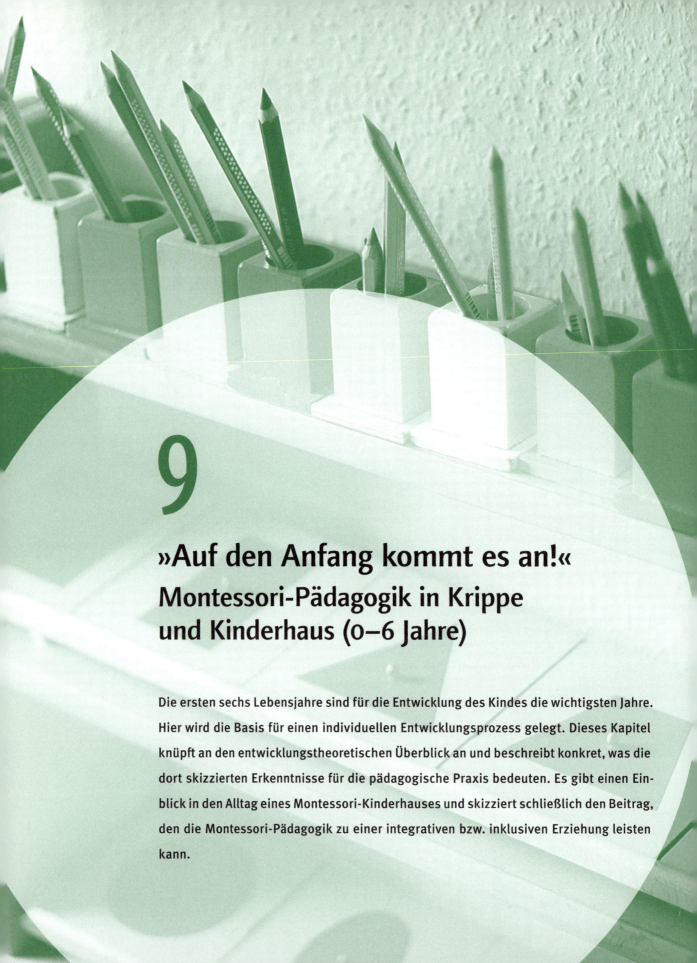

9

»Auf den Anfang kommt es an!«
Montessori-Pädagogik in Krippe und Kinderhaus (0–6 Jahre)

Die ersten sechs Lebensjahre sind für die Entwicklung des Kindes die wichtigsten Jahre. Hier wird die Basis für einen individuellen Entwicklungsprozess gelegt. Dieses Kapitel knüpft an den entwicklungstheoretischen Überblick an und beschreibt konkret, was die dort skizzierten Erkenntnisse für die pädagogische Praxis bedeuten. Es gibt einen Einblick in den Alltag eines Montessori-Kinderhauses und skizziert schließlich den Beitrag, den die Montessori-Pädagogik zu einer integrativen bzw. inklusiven Erziehung leisten kann.

Die Montessori-Pädagogik ist heute im Elementarbereich (3- bis 6-jährige Kinder) am weitesten verbreitet, deutlich mehr als im Primar- und Sekundarstufenbereich. Weniger bekannt ist dagegen Montessoris Ansatz früher Bildung für Kinder bis zu drei Jahren, wenngleich in den letzten Jahren in Deutschland ein regelrechter Boom im sogenannten U3-Bereich zu verzeichnen ist. Die Montessori-Pädagogik ist auf dem Markt der pädagogischen Konzepte für diese junge Altersgruppe zunehmend attraktiv. Dies verwundert nicht, wenn man Montessoris Ideen in diesem Sektor betrachtet.

Montessori hat bereits zu ihrer Lebenszeit realisiert, dass Frauen, die vornehmlich mit der Erziehung ihrer Kinder betraut sind, Wege finden müssen, Familie und Berufsleben miteinander zu verbinden. Mit dem Anspruch, die Grundbedürfnisse des Kindes nach »Milch und Liebe« dabei nicht zu missachten, hat sie Kinderkrippen akzeptiert und nicht nur das: Sie hat die enge Zusammenarbeit mit Familien gesucht, um den Bereich der institutionalisierten frühen Bildung auszubauen – wobei sie aber betonte, dass die Familie in den ersten Lebensjahren die wichtigste Erziehungsinstanz ist.

Institutionell ist die Arbeit mit Kindern unter drei Jahren meist in der Krippe oder in Eltern-Kind-Gruppen verortet.

Die Entwicklungsphase des Kindes im Alter von 0–6 Jahren ist nach Montessori die wichtigste Zeit des Lebens. Sie ist für das gesamte Leben eines Menschen prägend und »bindend«. So wird diese Phase von Montessori auch als eine zweite embryonale Wachstumsphase bezeichnet. In dieser Wachstumsphase bilden sich die Persönlichkeit eines Menschen sowie seine Fähigkeiten und Neigungen aus. Das Kind absorbiert in dieser Zeit seine (Um-)Welt mit einer solchen Intensität, wie es nie mehr in seinem Leben möglich ist. Daher schlägt sie vor, das Kind im Säuglingsalter eng am Körper zu tragen. Das Kind soll mitgenommen werden zum Einkaufen, zu Einladungen, in die Kirche o. Ä. – kurzum: es soll am Leben teilnehmen. Der Erwachsene hat die Aufgabe, es bei all den neuen Entdeckungen zu begleiten. Mutter, Vater und Kind stellen sich aufeinander ein. So spricht sich Montessori bereits für das heute gängige Prinzip des Stillens nach Bedarf aus, für die Teilnahme des Kindes an Festen und Ritualen der Familie, wenngleich immer gilt, das Kind nicht durch Reize zu überfordern. Dies gilt es im Einzelfall festzustellen – dies ist gut und das ist zu viel für mein Kind. Auf diese Weise erlebt das Kind einen guten Start in das Leben, das es zunächst aufsaugt und ganzheitlich verinnerlicht.

Elementare Bedeutung der ersten Lebensphase

9.1 Die erste Entwicklungsstufe

Die erste Entwicklungsphase nennt Montessori die schöpferisch-konstruktive Phase. Diese teilt die Pädagogin in zwei Unterphasen ein. Sie spricht von einer unbewusst schöpferischen und formativen Phase (0–3 Jahre) und dem Übergang zum »bewussten Arbeiter« (3–6 Jahre).

Dass die ersten Lebensjahre einen prägenden Einfluss auf die Entwicklung eines Menschen haben, wird sowohl in unterschiedlichen Wissenschaftsdisziplinen wie in der pädagogischen Praxis zur Sprache gebracht. Montessori spricht vom ›geistigen Fleisch‹ und meint damit den Umgang des Kindes mit seiner Umgebung. Das Kind benötigt die Eindrücke seiner Umgebung wie Nahrung. Sie sind existenziell wichtig für seine Entwicklung. Montessori beschreibt diese Phase als die Phase des *absorbierenden Geistes*.

Das Wirken des absorbierenden Geistes (0–3)

Unbewusstes »Aufsaugen« von Eindrücken

In dieser Entwicklungsperiode nimmt das Kind alle positiven und negativen Eindrücke (Stimmungen, Geräusche, Gerüche usw.) seiner Umgebung unbewusst auf. Es saugt sie auf wie ein Schwamm, ohne sie bewusst zuordnen oder bestimmen zu können. Der absorbierende Geist ist eine Form des Geistes, die sich von der des Erwachsenen unterscheidet. Nur das Kind verfügt über dieses Privileg. Die Entwicklungsphase, in welcher der absorbierende Geist wirkt, ist geprägt von unbewusster, schöpferischer Intelligenz und innerer Sensibilität. Diese »Entdeckung, daß der Geist des Kindes fähig ist, zu absorbieren, hat eine Revolution im Bereich der Erziehung hervorgerufen« (Montessori 2007: 25). Heute traut man bereits kleinen Kindern mehr zu, als dies zur Lebenszeit Montessoris üblich war.

Der absorbierende Geist bestimmt die Begegnung des Kindes mit seiner Umwelt, d. h. das Kind nimmt seine Umgebung ganzheitlich mit allen Sinnen wahr und gewinnt eine Fülle von Informationen aus seiner Umwelt. So ist es nach Montessori besonders wichtig, Kinder in dieser Entwicklungsphase nicht fernzuhalten von der Welt, sondern ihnen genügend Anregungen zu liefern, die das Leben bietet – ohne sie jedoch zu überfordern. Die Kinder sollen am Leben teilnehmen und nicht im Kinderzimmer oder gar im Laufstall bleiben. Sie sollen emotionale und sinnenhafte Eindrücke von der großen Welt gewinnen, in der für sie alles neu ist.

Die Kompetenz, die Umwelt zu absorbieren, nimmt langsam – mit zunehmender Erfahrung – ab, und das Kind ist stärker an Strukturen und Ordnungsschemata interessiert: Dieser Drang nach Strukturierung führt wiederum zu einem sich aufbauenden Abstraktionsvermögen. Das Kind weiß: So sieht ein Raum aus, so bewege ich mich mit der Bahn fort, das ist ein Supermarkt usw.

Der bewusste Arbeiter (3–6)

In dieser Entwicklungsphase stehen die Wahrnehmung und die Bewusstheit im Vordergrund. Die Fähigkeit, soziale Bindungen – erste Freundschaften – aufzubauen, nimmt zu.

Ordnung

Des Weiteren wird die Sensibilität für Ordnung aufgebaut. Die Liebe zur Ordnung und das Bedürfnis nach Strukturen ist nach Montessori für die gesamte erste Entwicklungsstufe prägend. Bildhaft formuliert sie:

108   *9. Montessori-Pädagogik in Krippe und Kinderhaus*

»Für das Kind ist die Ordnung das, was für uns der Boden ist, auf dem wir stehen, was für den Fisch das Wasser ist, in dem er schwimmt. Im frühen Kindesalter entnimmt der Menschengeist seiner Umwelt die Orientierungselemente, deren er für seine späteren Eroberungen bedürfen wird« (Montessori 2009: 87).

Sensibilitätsbereiche, die nach Montessori in dieser Phase der Entwicklung die Interessenbereiche des Kindes dominieren, sind die Bewegung, die Ordnung, die Sprache und mathematische Grunderfahrungen.

9.2 Ausgewählte Sensibilitätsbereiche – ein kurzer Überblick

Bewegung

Die Hände sind, so Montessori, »das Werkzeug der Intelligenz«. Kleine Kinder setzen sie von Beginn ihres Lebens ein und be-greifen ihre Umwelt. So haben Selbsttätigkeit und Bewegung eine grundlegende Bedeutung für die physische und psychische Entwicklung des Kindes. Becher, Dosen und Behältnisse werden ertastet, aufeinandergestapelt, gefüllt und immer wieder heruntergestoßen. Dies geschieht so lange, bis ein sicherer Umgang erreicht ist und das Kind sicher ist: Diese Bewegung habe ich gelernt; das habe ich erreicht.

Zunächst sind für das heranwachsende Kind vor allem die Hand-Hand- sowie die Hand-Auge-Koordination interessant. Bewegungen werden von kleinen (auch bereits von neugeborenen) Kindern sorgsam beobachtet und studiert. Wie werden die Beine voreinandergesetzt? Welche Haltung nehmen die Arme dabei ein? Später (ca. mit einem Jahr) übt sich das Kind in der bekannten Bewegung des Laufens und trainiert seinen Gleichgewichtssinn. Es probiert sich aus, beobachtet wieder neu und »professionalisiert« schließlich seinen Bewegungsablauf.

»Die Intelligenz des Kindes erreicht ein bestimmtes Niveau, ohne sich der Hand zu bedienen; mit der manuellen Tätigkeit erreicht es ein höheres Niveau« (Montessori 2007: 136).

Jeder, der schon einmal ein kleines Kind beobachtet hat, das mit Gegenständen seiner Umgebung beschäftigt ist, kann sicher bestätigen, wie akribisch und genau Bewegungen erprobt, Materialien ertastet und Handlungsabläufe perfektioniert werden. Kinder tun dies so lange, bis sie eine Bewegung, eine Tätigkeit wirklich beherrschen. Die Übungen des täglichen Lebens kommen der sensiblen Phase der Bewegung entgegen. Sie sollen die Bewegungen schulen, die das Kind in seinem Alltag benötigt, und vom Erwachsenen unabhängig machen.

Ordnung

Das Kind geht in dieser Phase seinem besonderen Bedürfnis nach Orientierung und Ordnung nach. Es ist empfänglich für eine gewisse Ordnung, z. B. für Regeln und Rituale, Wiederholungen, Strukturen. Das Gewohnte gibt dem Kind Halt, wobei die Gewohnheiten sehr unterschiedlich und individuell verschieden sein können. Das Gewohnte liegt also sozusagen im Auge des Betrachters. Es kann der Teddy am Bett sein, der jeden Abend an derselben Stelle sitzen muss, bevor das Kind einschläft; die Puppe, die die Mahlzeiten gemeinsam mit dem Kind einnehmen »muss«; das Buch, das einmal am Tag gemeinsam angeschaut wird; der tägliche Spaziergang; ein gemeinsamer Tanz usw.

Durch das Wiedererkennen im Allgemeinen lernt das Kind die Fülle von Eindrücken, die es durch das Wirken des absorbierenden Geistes gewonnen hat, zu ordnen. Die äußere Ordnung nimmt nach und nach Einfluss auf die innere Ordnung. So macht das Kind die Erfahrung von Halt, Sicherheit und Orientierung, die für seine weitere Entwicklung richtungsweisend sind.

Sprache

Das Kind ist in dieser Phase aufgeschlossen für den Spracherwerb. Bis etwa zum 4. Lebensjahr fällt es den Kindern leicht, eine Sprache auf ganz natürliche Art und Weise zu lernen – vorausgesetzt, das Kind hört die Sprache täglich und lebt mit ihr. Das Kind nimmt zunächst seine Muttersprache auf, hört sie und orientiert sich in ihr. »Gerade so, wie jedem Menschen eine Tendenz gegeben ist, Sprache zu entwickeln, ist eine Tendenz gegeben, Religion zu entwickeln. Alle Menschengruppen, seien sie hoch entwickelt oder nicht, haben zu allen Zeiten eine Religion gehabt. Sprache und Religion sind die beiden Kennzeichen jeder Menschengruppe« (Montessori 1989: 130).

Zu beachten ist, dass das Erlernen einer Sprache natürlich auch sukzessive verläuft. Wir verzichten hier auf Altersangaben, da es sehr verschieden sein kann, wann ein Kind sensibel ist für bestimmte Laute, für Buchstaben, für Wörter, für Grammatik. Vielmehr möchten wir die Sensibilität hervorheben, die mit dem Erlernen einer Sprache einhergeht – nämlich die Kompetenz des Kindes, die Komplexität einer Sprache aufzunehmen und sich Stück für Stück in dieser Welt des Laut- und Zeichensystems zurechtzufinden. Die Sprachmaterialien helfen dem Kind, sein intuitives Wissen zu festigen, zu strukturieren und auszuweiten.

Mathematische Grunderfahrungen

Das Kind macht in seiner Entwicklung erste mathematische Erfahrungen. Es beobachtet sich selbst, seinen Körper, stellt Symmetrien fest (zwei Hände, zwei Füße, zehn Finger usw.) und beginnt im alltäglichen Leben, Bestimmungen der Lage im Raum vorzunehmen

Ein Mädchen arbeitet mit dem beweglichen Alphabet

(Es fällt Essen *herunter*, *oben* leuchten die Sterne, *links* geht es zum Wald ...). All diese Körperwahrnehmungen bilden bereits eine Grundlage für das Erlernen und Beherrschen von späteren mathematischen Kompetenzen.

9.3 Montessoris »Entdeckung« und ihre pädagogischen Schlussfolgerungen

Im Jahre 1897 hat Montessori – wie schon erwähnt – als Assistentin an der Psychiatrischen Klinik der Universität Rom ein Schlüsselerlebnis, welches ihr die Bedeutung aktiver Sinneserfahrungen für die kognitive Entwicklung des Menschen aufschließt. Sie beobachtet geistig zurückgebliebene Kinder, mit denen sich niemand befasst und die offenbar über keine Spielsachen oder andere Beschäftigungsmöglichkeiten verfügen. Aus Langeweile spielen sie mit ihrem Essen, werfen es auf den Boden und grapschen danach.

Sinneserfahrungen und kognitive Entwicklung

Montessori erkennt den besonderen Förderbedarf dieser Kinder und spürt intuitiv, dass es Möglichkeiten geben muss, sie mit pädagogischen Mitteln in ihrer Entwicklung zu unterstützen, statt sie einfach ihrem Schicksal zu überlassen und sie mehr oder weniger nur *wegzuschließen* und *aufzubewahren*. Sie studiert in der Folgezeit die Schriften der beiden französischen Ärzte Jean Marc Itard (1774–1838) und seines Schülers Édouard Séguin (1812–1880). Itard hatte als Leiter der Pariser Taubstummenanstalt durch seine

Arbeit mit einem in den Wäldern des französischen Departements Aveyron aufgefundenen *Wolfsjungen* für Aufsehen gesorgt, und Séguin hatte sensorisches Lernmaterial zur Förderung der geistigen Entwicklung *schwachsinniger* Kinder, wie sie damals genannt wurden, entwickelt.

Ab 1900 experimentiert Montessori am heilpädagogischen Institut der Scuola Ortofrenica systematisch mit diesen Materialien, passt es den Entwicklungsbedürfnissen ihrer lernbeeinträchtigten Schüler an und entwirft eigene Ideen für solche Arbeitsmittel. Als ihre kleinen Schützlinge ungeahnte Lernerfolge erzielen, überlegt Montessori, inwiefern die Ergebnisse übertragbar sind und sich diese Materialien möglicherweise als Schlüssel zur Erziehung auch nicht-behinderter Kinder erweisen könnten.

»Gedanken ohne Inhalt sind leer, Anschauungen ohne Begriffe sind blind« (Immanuel Kant, 1724–1804, deutscher Philosoph der Aufklärung).

Auch die Kinder im ersten Kinderhaus von San Lorenzo zeigen im Umgang mit den Entwicklungsmaterialien, wie Montessori das Sinnesmaterial auch nennt, gewaltige Fortschritte. Montessori verändert und ergänzt diese Materialien fortlaufend und entwirft darüber hinaus weitere, so dass immer neue Übungen entstehen. Dabei ist für sie entscheidend, inwiefern ein Material das Phänomen der Polarisation der Aufmerksamkeit auslöst und den Selbstbildungsprozess des Kindes fördert.

Nach Montessori hat das etwa dreijährige Kind ein intensives »Bedürfnis nach *tätigen Sinneseindrücken*« (Montessori 1965: 13). Es hat während der ersten Lebensjahre viele Eindrücke überwiegend unbewusst und ganzheitlich absorbiert. Nun strebt es nach einer Analyse, Ordnung und Klärung dieser Eindrücke. Was ist heiß und was ist kalt? Was hoch und was tief? Welche Gegenstände sind rund und wo finde ich in meiner Umgebung Kreise? Mit ihren Sinnesmaterialien will Montessori dem Kind geordnete Bilder und Strukturen anbieten, die diesen Klärungsprozess unterstützen. Sie stellen daher eine Hilfe für das Kind dar, das durch innere, psychische Motive zum handelnden Umgang mit ihnen angeregt wird. Sinnesmaterialien sind für Montessori materialisierte Abstraktionen, welche die Eigenschaften der Dinge repräsentieren und sie dadurch begreifbar machen. Sie sind wie ein *Schlüssel zur Welt*, der dem Kind hilft, seine Lebenswirklichkeit zu verstehen.

9.4 Sinnesmaterialien in Kinderhaus und Schule

Das Sinnesmaterial

- entspricht der Sensibilität des kleinen Kindes für Ordnung und Bewegung
- ermöglicht exaktes Wahrnehmen und Vergleichen von abstrakten Eigenschaften wie Farbe, Gewicht oder Klang, die *an sich*, d. h. außerhalb von Dingen, nicht vorkommen

- macht diese abstrakten Eigenschaften sinnfällig und handhabbar – und damit begreifbar im ursprünglichen Wortsinn
- bietet geordnete Eindrücke in abgestufter Form (von groß bis klein, von rau bis glatt, von laut bis leise) dar
- hilft auf diese Weise dem Kind, eine *geordnete Einteilung für seine geistigen Bilder zu finden*
- ist somit Ausgangspunkt für die Entdeckung und Eroberung der Umgebung, erschließt sie und fördert das kindliche Verständnis
- ist Entwicklungsmaterial, ist *Helfer und Führer für die innere Arbeit des Kindes*
- fördert die differenzierte Sinneswahrnehmung des Kindes und dient ihrer Verfeinerung. Damit stellt die Sinneserziehung eine geeignete Basis der Intelligenzentwicklung dar, denn nach Montessori ist das Material »wie eine Turnhalle, in der der Geist seine Übungen durchführt« (Montessori 2008: 146).

»Nichts ist im Verstand, was nicht vorher in den Sinnen war« (John Locke, 1632–1704, englischer Philosoph des Empirismus).

Für Montessori steht fest, dass geistige Grundoperationen wie die
- **Seriation**: z. B. die Herstellung einer Reihenfolge durch Anordnung der roten Stangen nach ihrer Länge
- **Negation**: z. B. das Unterscheiden verschieden klingender Glocken
- **Identifikation**: z. B. das Zuordnen gleich rauer Tastbrettchen
- **Kombination**: z. B. die Verbindung mehrerer Merkmale wie bei den geometrischen Körpern (dieser Körper rollt und kippt).

von Sinneseindrücken mit Hilfe ihrer Materialien die differenzierte Wahrnehmungsfähigkeit des Kindes fördern und zum Aufbau eines geordneten Welt- und Selbstbildes beitragen. Sie dienen der geistigen Entwicklung, denn nach Montessori gibt es keine Intelligenz ohne eine *feine Fähigkeit zur Unterscheidung*.

»Was uns erschöpft, ist die durch Gleichförmigkeit erzwungene Nicht-Inanspruchnahme der Vielfalt unserer körperlichen und sinnenhaften Fähigkeiten und Kräfte. Was uns erfrischt und aufbaut, ist deren Inanspruchnahme« (Hugo Kükelhaus, 1900–1984, deutscher Künstler und Philosoph).

Zusammenfassend lässt sich sagen, dass reiche Sinnes- und Bewegungserfahrungen nach Montessoris Überzeugung eine bedeutsame Basis für die geistige Entwicklung des Kindes darstellen. Kinder sind sinnesreiche Wesen, die solche Erfahrungen suchen und für ihre Entwicklung dringend benötigen. Der Schweizer Entwicklungspsychologe Jean Piaget (1896–1980) etwa spricht von der Phase der sensumotorischen Intelligenz, in der ein Kind nur mit Hilfe seiner Sinne überhaupt zu Erkenntnissen gelangen kann. Solches *Lernen mit allen Sinnen* stellt die Basis dafür dar, dass wir später mit Hilfe unserer zunehmenden Abstraktionsfähigkeit auch ohne die sinnliche Anschauung zu konkreten und

Sinneserfahrungen – Bewegung – Intelligenz

formalen Operationen imstande sind – wenngleich diese auch in späteren Entwicklungsphasen immer noch den Erkenntnisprozess unterstützt.

»Sag es mir, und ich werde es vergessen. Zeig es mir, und ich werde mich daran erinnern. Beteilige mich, und ich werde es verstehen« (Konfuzius, 551–479 v. Chr., chinesischer Philosoph).

Montessori beobachtet, dass Kinder leichter lernen, wenn verschiedene Sinne angesprochen werden und sie sich dabei gezielt und koordiniert bewegen können. Solche Lernaktivitäten fördern das, was die amerikanische Entwicklungspsychologin Jean Ayres (1920–1989) als sensorische Integration bezeichnet, d. h. das *Ordnen der Empfindungen zum funktionalen Gebrauch bzw. zum gelingenden Zusammenspiel verschiedener Sinnessysteme.* Dazu benötigen Kinder jedoch eine anregungsreiche Umgebung, in der sie den aktiven, sinnenhaften Umgang mit den Dingen erleben, also ein Umfeld, in dem sie sich selbst und die Wirklichkeit spüren, so dass sie aus ihrem konkreten Tun innere Bilder aufbauen können. In unserer sinnenfeindlichen Welt, die sich zunehmend per Knopfdruck, Hebel-Ziehen und Tasten-Bedienen erschließt, in der die Fernsinne (Hören und Sehen) einer ständigen Reizüberflutung ausgesetzt sind, während die Nahsinne (Tasten, Gleichgewicht, Riechen, Schmecken) verkümmern, brauchen Kinder umso mehr körperlich-sinnliche Erfahrungen und vielfältige Bewegungsmöglichkeiten. Denn Kinder wollen mit allen Sinne erforschen und erobern.

»Was ist zu bedenken bei der Erziehung der Sinne? Die Sinne sind Kontaktpunkte mit der Umgebung, und der Verstand vervollkommnet sich im Gebrauch dieser Organe, indem er sich übt, die Umgebung zu beobachten [...]. So kann der Verstand durch die Sinne immer genauere und verfeinerte Eindrücke sammeln. [...] Ohne eine Zusammenarbeit der Intelligenz mit der Bewegung kann es jedoch keine Erziehung der Sinne geben« (Montessori 2007: 162).

Bei den Montessori-Sinnesmaterialien unterscheidet man insgesamt neun Materialgruppen, die jeweils unterschiedliche Sinne ansprechen: So gibt es Materialien zur Unterscheidung von

- *Dimensionen*: Rosa Turm
- *Farben*: Farbtäfelchen
- *Formen*: geometrische Körper
- *Oberflächen- und Materialstrukturen*: Tastbretter
- *Gewichten*: Gewichtsbrettchen
- *Geräuschen und Tönen*: Glocken
- *Gerüchen*: Geruchsdosen
- *Geschmacksqualitäten*: Geschmacksgläser
- *Wärmequalitäten*: Wärmekrüge.

Materialien für die Grundschule

Auf der Basis ihrer Erfolge im Kinderhaus entwickelt Montessori auch zahlreiche Arbeitsmittel für die Grundschule, wobei nun aber die Vermittlung von Sachwissen entschieden in den Vordergrund rückt. Jeder Unterrichtsgegenstand soll in einem wissenschaftlich ausgearbeiteten Materialsystem angeboten werden, was die enge Kooperation mit unterschiedlichen Fachdidaktikern voraussetzt. Es sei erforderlich, dass »die *Gesamtheit der notwendigen und ausreichenden Mittel* festgelegt wird, die die *Selbsterziehung* hervorrufen« (Montessori 2008: 86). Zu solchen Lernangeboten zählen etwa die Materialien für Sprache, Mathematik, Biologie, Erdkunde, Musik, religiöse oder Kosmische Erziehung.

Allerdings lassen sich nicht alle Überlegungen Montessoris zum Sinnesmaterial unreflektiert auch auf Material für die Grundschule übertragen, denn: »Die Prinzipien, die während der ersten Periode nützlicherweise angewandt werden, sind nicht dieselben, die man während der zweiten Periode anwenden muss« (Montessori 1966: 24).

Das Material stellt für Montessori den *Ausgangspunkt* geistiger Bildung dar. Auf den höheren Stufen kognitiver Entwicklung seien dann »umfassendere methodische Intelligenzübungen« (Montessori 2008: 83) nötig. Im Grundschulalter nimmt das Abstraktionsvermögen des Kindes zu und beginnt beim Wissenserwerb die tragende Rolle zu übernehmen. Nach Montessori darf aber die Aufmerksamkeit »nicht an die Gegenstände gefesselt werden, wenn der delikate Vorgang der Abstraktion beginnt« (Montessori 2008: 79). Dies wäre nämlich der geistigen Entwicklung hinderlich.

Sie benutzt in diesem Kontext das Bild eines umgekehrten Kegels: Dieser setzt bei den ursprünglichen psychischen Bedürfnissen des Kleinkindes an und erweitert und vertieft sich kontinuierlich durch die Einbeziehung der Bildungsinhalte. Dabei löst und erhebt sich der Geist allmählich von dem entwicklungspsychologisch zunächst noch unverzichtbaren materiellen Teil der Umgebung und arbeitet in steigendem Maße mit der Vorstellungskraft. Nicht alles muss jetzt noch in materialisierter Form angeboten werden, denn das Kind denkt zunehmend abstrakt. Nach Montessori gewinnen also die imaginativen Fähigkeiten gegenüber dem Handeln *auf der Ebene des Tastsinns* an Bedeutung. Sie müssen aber gezielt angesprochen werden.

9.5 Übungen des täglichen Lebens in Kinderhaus und Schule

Zu den ersten Aktivitäten und Lernangeboten im Kinderhaus zählen die Übungen des täglichen Lebens, oft auch als Übungen des praktischen Lebens bezeichnet. Darunter versteht Montessori eine große Vielfalt häuslicher und pflegerischer Arbeiten, die in besonderem Maße der Sensibilität des kleines Kindes für reizvolle Sinnes- und Bewegungserfahrungen entsprechen. Sie kommen seinem Wunsch entgegen, Arbeiten im Haushalt selbstständig zu verrichten und von der Hilfe des Erwachsenen unabhängig zu werden. Man unterscheidet zwischen

Schwerpunkt Alltag

▪ *Übungen zur Pflege der eigenen Person* (Hände waschen, Zahnpflege, Knöpfe auf- und zumachen)

- *Übungen zur Pflege der Umgebung* (Staub wischen, Tisch decken, Staub saugen),
- *Übungen des sozialen Lebens bzw. zur Pflege sozialer Beziehungen* (grüßen, Kontakt aufnehmen, sich vorstellen) und
- *Übungen der Stille und weitere Übungen zur Koordination der Bewegung* (Gehen auf der Linie, Wahrnehmungsübungen).

Viele dieser Handlungen bereiten dem jüngeren Kind noch Schwierigkeiten. Aufgabe der Erzieherin ist zunächst die *pädagogische Analyse*, d. h. die Zerlegung komplexer Bewegungsabläufe in zu bewältigende Teilschritte. Diese Elementarisierung einer Handlung ist allerdings stärker am Kind orientiert als an der Sachstruktur: Mögliche Schwierigkeiten und Hindernisse müssen aus der Sicht des Kindes antizipiert werden. Die einzelnen Schritte sind dann so langsam und genau vorzuführen, dass das Kind die Bewegungen wahrnehmen und später korrekt nachahmen kann.

Dabei lassen sich aufeinanderfolgende *Stufen des Tuns* beobachten:

1. Oft ist eine Tätigkeit zunächst Selbstzweck und verfolgt kein äußeres Ziel: Ein Kind wiederholt seine Übung und bindet die Schleifen aus reiner Freude am Tun, an der Bewegung und am Material (Schleifenrahmen), ohne am eigentlichen Ergebnis interessiert zu sein.
2. Allmählich entwickelt sich ein Interesse an der Exaktheit des Bewegungsablaufs und an der Vollständigkeit einer Handlung.
3. Zunehmend wird sich das Kind des Nutzens seiner Tätigkeit bewusst und erlebt seine wachsende Handlungskompetenz: Es kann sich nun selber die Schuhe binden und ist nicht mehr auf Hilfe angewiesen! Das Ergebnis des Tuns rückt in den Vordergrund.
4. Schließlich setzt das Kind die neu erworbene Fähigkeit zum Wohle anderer ein, indem es z. B. einem jüngeren Kind beim Binden der Schnürsenkel hilft.

Zusammenfassend lässt sich sagen, dass die Übungen des täglichen Lebens dem kindlichen Bewegungsdrang reizvolle Ziele und Entfaltungsmöglichkeiten bieten und dem Kind dabei helfen

- seine Bewegungslust zu befriedigen
- seine Bewegungen zu verfeinern und zu koordinieren
- seine Grob- und Feinmotorik zu entwickeln
- die kulturellen Gepflogenheiten seiner Umgebung kennenzulernen
- zuvor gewonnene Eindrücke zu ordnen und zu strukturieren
- für soziale Verhaltensweisen und Umgangsformen sensibel zu werden
- Handlungsabläufe im Lebensalltag selbstständig zu meistern
- Sicherheit und Selbstvertrauen zu gewinnen
- ein Verantwortungsbewusstsein für die Umgebung zu entwickeln
- in seiner sozialen und materialen Umwelt unabhängig zu werden.

9.6 Der Tagesablauf im Kinderhaus

Durch das freie Arbeiten entstehen vielfältige Lernsituationen. Die Freiarbeit ist ein zentrales Strukturelement der Arbeit im Kinderhaus. Die folgenden Ausführungen veranschaulichen einen exemplarischen Tag. Die Beschreibung stammt von Maria Kley-Auerswald, die seit vielen Jahren als Leiterin eines Kinderhauses tätig ist. Uns gefallen die Ausführungen u. a. deshalb, weil deutlich wird: Die Praxis der Montessori-Pädagogik ist offen für die Bedürfnisse der Kinder. Dazu gehört insbesondere, dass auch Materialien vorhanden sind, die nicht von Montessori entwickelt wurden. Die Montessori-Pädagogik ist weder dogmatisch noch engstirnig. Im Folgenden werden die (didaktischen) Prinzipien der Montessori-Pädagogik (vgl. Kap. 7) veranschaulicht:

1. Die Arbeit der Kinder wird ernst genommen.
2. Den Kindern wird Freiheit zugestanden.
3. Die Entwicklungsbedürfnisse der Kinder werden berücksichtigt.
4. Die Umgebung ist entsprechend den sensiblen Phasen vorbereitet.
5. Die Erzieherinnen vertrauen den Kindern und umgekehrt.

Der Kinderhaustag beginnt um 7.00 Uhr. Zu diesem Zeitpunkt sind nur vier bis sechs Kinder im Haus und eine Erzieherin, die in den Gruppen schaut, ob es – je nach Jahreszeit – ausreichend warm ist oder ob gelüftet werden muss. Sie bereitet in der Küche den Tee und die Milch für den Vormittag: Sie begrüßt die Kinder und geht auf die Fragen der Eltern ein. Julius, dem Zweijährigen, bereitet der Abschied von seiner Mama Probleme, und die vertraute Gruppenleiterin ist noch nicht im Haus. Gut, dass seine ältere Schwester Evi da ist. Sie ist für die Erzieherin eine große Hilfe.

Ab 7.30 Uhr ist in jeder Gruppe eine Erzieherin, und es kommen weitere Kinder. Julius ist glücklich. Nun stimmt sein Weltbild wieder, denn seine vertraute Erzieherin ist da. Nun kann er sich ganz gelöst von der anderen Pädagogin verabschieden. Mit den Kindern wird der Frühstückstisch vorbereitet. Der Tisch ist mit Blumen und Kerzen geschmückt. Die Platzdeckchen und das Porzellangeschirr werden aufgelegt. Die Kerzen im Raum sowie in der Salzkristalllampe, der Duftlampe und der Gebetsecke werden angezündet, die Blumen gegossen und die Schnittblumen gepflegt. Die Fische drinnen und draußen werden gefüttert. Der Raum wird überprüft, ob er entsprechend für die Bedürfnisse der Kinder vorbereitet ist. Dabei spielen die Beobachtungen der Erzieherin vom Vortag eine wichtige Rolle. Diese Beobachtungen sind die Voraussetzung, den Kindern entwicklungsgemäße Lernmöglichkeiten und Hilfen zu geben. Dabei spielen eine wichtige Rolle Gedanken wie: Welche Interessen zeigten die einzelnen Kinder am Vortag, welche Angebote haben sie gewählt? Ein Blick in die Beobachtungsnotizen vom Vortag bietet hier eine wertvolle Hilfe. Merle liebt seit Tagen das Schuheputzen. Ist die Übung richtig vorbereitet, genügend Schuhcreme vorhanden? Ob Merle diese Arbeit wieder wählt?

Die Erzieherin begrüßt die ankommenden Kinder. Jedes Kind fühlt sich dadurch willkommen. Es ergeben sich kleine Gespräche wie: »Hast du gut geschlafen?« oder »Wie war gestern der Besuch beim Zahnarzt?«. Nach der persönlichen Begrüßung können die Kinder ihre Tätigkeit frei wählen. Sie können ihre Beschäftigung so oft wiederholen und so lange mit den Materialien »arbeiten«, wie es ihren Bedürfnissen entspricht.

Jeremy und Tobias waren am Vortag mit der Museumsgruppe unterwegs. Sie hatten mitgeteilt, dass sie heute an der großen Staffelei arbeiten wollen. Schnell richtet die Erzieherin einen Blick dorthin. Sind alle Farbtöpfchen gefüllt, und ist genügend Papier vorhanden? Johanna arbeitet gern mit dem Hunderterbrett. Sie ist schon recht sicher damit und hat nach 35 Minuten die Zahlen von 1 bis 100 geordnet. Saskia und Amelie gehen zum Handarbeitstisch. Saskia stickt über eine Stunde an ihrem Musterdeckchen, und Amelie webt einen Elefanten. Dabei tauschen sie sich über den gestrigen Museumsbesuch intensiv aus. Jule und Annalena spielen zwei Stunden in der Rollenspielecke und unterbrechen ihr Tun nur kurz, um zu frühstücken. Mia holt sich die Buchstabendecke. Es macht ihr viel Freude, die kleinen Gegenstände lautgetreu zu benennen und zuzuordnen. Jedoch braucht sie dabei die Unterstützung der Erzieherin. Lukas arbeitet zusammen mit der anderen Erzieherin mit den Ziffern und Chips. Gabriel kann schon gut lesen und liest in der Leseecke Rebecca das gestern in der Kleingruppe eingeführte Bilderbuch vor. Lennox und Henry spielen in der Bauecke mit den Holztieren und der Arche. Vor ein paar Tagen hat die Erzieherin die Geschichte von Noah vorgestellt, und diese wird heute intensiv nachgespielt. Leonie sitzt am Tisch für das Händewaschen. Sie ist fasziniert, welchen Schaum die Seife bildet. Tim beschäftigt sich in der Experimentierecke. Harm faltet kleine Kästchen aus Papier. Er hat in der Wald-AG Zapfen gesammelt, die er darin aufbewahren möchte. Amanda und Jan bauen aus den roten Stangen ein Labyrinth und legen die Zwischenräume mit Kastanien aus. Katharina moduliert aus Ton eine kleine Schnecke, die sie ihrer Mutter zum Geburtstag schenken möchte. Kai und Jonathan arbeiten in der Werkecke intensiv mit Säge und Hammer.

Am Experimentiertisch ist Anna damit beschäftigt, zu erkunden, welche Dinge schwimmen und welche untergehen. Jakob und Paul bauen mit den Kaplahölzern einen hohen Turm. Schließlich schaffen sie es nicht mehr, die Hölzer weiter zu verbauen, und holen sich eine kleine Leiter zur Hilfe. Henry und Julian verlassen den Gruppenraum, um in der Eingangshalle den Boden zu putzen. Das Telefon klingelt, und Johanna unterbricht ihre Arbeit, um das Gespräch anzunehmen. Sie verbindet in die andere Gruppe und wendet sich dann wieder ihrer Arbeit zu. David rechnet mit dem Perlenmaterial. Dabei summt er ein Lied vor sich hin, das er vor einigen Tagen im Kinderhaus-Chor gelernt hat. Nora versucht indes, dieses Lied mit den Glocken nachzuspielen.

Die Freiarbeitsphase dauert bis etwa 10.30 Uhr. Ein Zeitraum von drei Stunden ist wichtig für die Freiarbeitsphase, damit selbstbestimmtes Lernen geschehen kann.

Nun gehen die meisten Kinder nach draußen, andere möchten noch weiter im Gruppenraum arbeiten. Das Außengelände ist groß und bietet viele Möglichkeiten: spielen im Sand, klettern, rutschen, werken, Gartenarbeiten, verstecken, Fußerfahrungsfeld, Klangkarre, Nestschaukel und vieles mehr.

Nun werden auch Beschäftigungen und Materialien in Kleingruppen angeboten, wie turnen, tanzen, gehen auf der Linie, Orff-Instrumente, vorlesen, Bilderbücher betrachten, Kreis- und Singspiele, arbeiten mit Legematerial, Stilleübungen, biblische Geschichten – aber alles auf freiwilliger Basis. Die Erzieherinnen beobachten dabei genau und bieten den Kindern Möglichkeiten, die ihren Begabungen und aktuellen Interessen entsprechen.

Zum Abschluss des Vormittages treffen sich die Kinder zu einer Erzählrunde, wo Regeln, Anliegen, Fragen und anderes mehr besprochen werden. Ganz wichtig ist hier auch das gemeinsame Singen. Um 12.30 Uhr werden einige Kinder abgeholt. Die Tageskinder essen zu Mittag. Vor dem Essen sprechen die Kinder ein Gebet und wünschen sich einen guten Hunger. Nach dem Essen putzen sie die Zähne und suchen die Ruheräume auf. Hier können sie Geschichten und leise Musik vom Band hören. Die Erzieherinnen lesen vor oder erzählen Traumreisen. Manche Kinder legen sich einfach zum Schlafen hin.

Ab 14.00 Uhr gibt es neben der Freiarbeit in den Gruppen und im Außengelände verschiedene Angebote, die die Kinder wählen können: Wald, Theater-, Kirchen- und Museumsbesuche, Rhythmik und Tanz, Musizieren, Kochen und Backen, Malen, Basteln, Turnen, Töpfern, Werken, Wandern, Besuche bei Handwerkern, Experimentieren und anderes.

Der Kinderhaustag endet gegen 16.15 Uhr.

9.7 Arbeit und Spiel

Nun ist in diesem Kapitel häufig die Rede von der Arbeit. Spielen die Kinder im Kinderhaus nicht auch? Diese Frage wird häufig gestellt, und immer wieder hört man irrige Meinungen über Montessoris Ansicht zum Spiel. Montessori grenzt den Begriff der Arbeit von dem des Spiels ab und provoziert mit der Aussage: »Das Kind erfreut sich nicht am Spiel, nicht daran, mit unnützen Dingen Zeit zu verlieren, noch sich sinnlos zu bewegen, wie allgemein geglaubt wird« (Montessori 1989: 74). Hier könnte man sich daran erinnern, dass das Spiel etwa bei Friedrich Fröbel (1782–1852)[4] einen ganz anderen Stellenwert innehatte und ein zentraler Bezugspunkt seiner Pädagogik war.[5] In den 1920er Jahren hat es

Arbeit versus Spiel?

4 Friedrich Wilhelm August Fröbel gilt heute als Begründer des Kindergartens.
5 Der Begriff der Arbeit, wie ihn Montessori in Bezug auf das Kind verwendet, ist klar zu unterscheiden vom Verständnis der Arbeit beim Erwachsenen im Sinne eines zweckgerichteten, ökonomischen Handelns. Die Arbeit des Kindes ist eine individuelle Kategorie und zielt auf seine »Personwerdung«. Der Begriff »Spiel« hat in Montessoris Pädagogik zwar eine untergeordnete Funktion, aber es wäre auch abwegig, anzunehmen, das Spiel sei vollkommen ausgeklammert. Vielmehr verwendet sie beide Begriffe, grenzt sich aber beispielsweise von Fröbel ab, der deutlich den Spielbegriff ins Zentrum seiner Pädagogik setzt. Nach Montessori dominiert der Begriff Arbeit, da sie tendenziell davon ausgeht, dass das Kind die Arbeit dem Spiel vorzieht, da sich in ihr die Entwicklung gemäß einem inneren Bauplan zeigt (vgl. auch Standing 1959: 291 ff).

daher in der pädagogischen Wissenschaft eine Debatte gegeben, die in der Literatur als »Montessori-Fröbel-Streit« bekannt ist.

Lehnt Montessori das Spiel des Kindes also ab? Die Antwort muss, trotz des angeführten Zitats, »Nein« lauten: Mit ihrer scheinbar ablehnenden Haltung gegenüber dem Spiel bringt sie vielmehr ihren Respekt vor dem Prozess des kindlichen Arbeitens zum Ausdruck. Arbeit ist ihrer Ansicht nach durchaus ein Prozess des spielerischen »Sich-Bildens«. Im Prozess der Arbeit erlangt das Kind ein stetig wachsendes Gefühl der Beherrschung seines Körpers. Die motorischen Fähigkeiten des Kindes werden geschult, und komplexe Bewegungsabläufe gehen durch individuelle Übungen in Routine über. Das Kind kann somit durch seine Arbeit seinem eigenen Bewegungsdrang nachgehen, sich durch die zunehmend selbstständige Arbeit profilieren und sich von erwachsenen Personen unabhängig machen.

Nach Montessori beschäftigen Kinder sich also nicht mit sinnloser Spielerei, sondern wollen auch im Spiel etwas lernen. Ihre Wertschätzung des Spiels macht sie an vielen Stellen deutlich (vgl. etwa Montessori 2007: 128; 2009: 171; 2010: 314 f). Es lässt sich also zusammenfassend sagen: Die Merkmale, die dem Spiel heute weithin zugeschrieben werden, weisen zahlreiche Parallelen und Schnittstellen zu Montessoris Beschreibung kindlicher Arbeit auf (vgl. Klein-Landeck 2009a: 69). Montessori spricht von der Arbeit des Kindes und meint damit auch das konstruktive, zielgerichtete Spiel. Es handelt sich hier mit Blick auf Montessoris Pädagogik also in erster Linie um ein Definitionsproblem.

Das Kind bildet sich *während* des Arbeitsprozesses in konzentrierten Phasen. Arbeitet ein Kind, so tut es dies nicht nur, um ein sichtbares Ziel zu erreichen, sondern es geht bereits durch die Tätigkeit seinen Bedürfnissen und Fragestellungen nach; daher ist Arbeit ein Teil der Selbstbildung des Kindes. Entscheidend ist der Prozess der Arbeit, der vom Kind individuell gestaltet werden kann. Dieser Prozess kann unterschiedlich motiviert sein. Er lassen sich in den Phasen der Arbeit unterschiedliche Motivationsphasen erkennen.

1. *Neugieriges Ausprobieren:* Bei jüngeren Kindern ist die Arbeit Selbstzweck. Im Vordergrund stehen die Freude am Tun, das Experimentieren und die Bewegung.
2. *Präzise Ausführung:* Die Genauigkeit und Vollständigkeit einer Handlung stehen im Vordergrund. Das Kind übt.
3. *Ergebnissicherung:* Erst in dieser Arbeitsphase ist das Kind am Ergebnis seiner Tätigkeit interessiert.
4. *Transfer:* Das Kind setzt seine erworbenen Fähigkeiten und Fertigkeiten in seiner Umwelt ein. Es kann sich durch seine Arbeit in der Gemeinschaft ausdrücken (vgl. Montessori 2008: 105 f).

Arbeit und Lernen

Der von Montessori verwendete Arbeitsbegriff weist eine Nähe zu aktuellen Definitionen des Begriffs Lernen auf: Arbeiten und Lernen sind aktive Prozesse, die selbstständig und eigenverantwortlich begonnen und vollzogen werden. Der lernende und arbeitende Schüler konstruiert eigenes Wissen, eigene Inhalte und eigene Fähigkeiten. Der Schüler verändert durch die Arbeit als Lernprozess seine Konstruktionen von Wirklichkeit, seine Deutungen, Annahmen, Einstellungen und seine Strategien, Probleme zu lösen.

Holtstiege interpretiert Montessoris Arbeitsbegriff als ein »Experimentieren mit Umwelterfahrungen« (Holtstiege 2000: 191) und als eine »Wahrnehmung der Realität und gute Orientierung in der äußeren Welt«. Arbeit sei eine »Tätigkeit der kreativen Intelligenz« (Holtstiege 2000: 197) und somit ein »Prozeß aktiver Entwicklung des Menschen« (Holtstiege 2000: 193). Ein solches Verständnis grenzt das Spiel nicht aus.

Die Praxis der Montessori-Pädagogik ist auch in diesem Punkt nicht dogmatisch. Wir wurden neulich einmal gefragt, ob es in Kinderhäusern nach Montessori den Kindern verboten sei, mit Puppen zu spielen. Eine solche Frage zeigt, dass man gar nicht deutlich genug betonen kann, dass die Montessori-Pädagogik nicht dafür steht, Verbote auszusprechen. Wir möchten allgemeiner antworten: In Kinderhäusern und Schulen, die nach Montessori arbeiten, finden wir nicht ausschließlich Materialien, die von Montessori konzipiert wurden. Die Pädagogik ist mehr als das bloße Material. So ist es also auch denkbar, dass Kinder in Kinderhäusern mit Puppen und Bauklötzen arbeiten, die nicht von Maria Montessori selbst entwickelt oder bereitgestellt wurden. Und wenn dies den Bedürfnissen des Kindes entspricht, ist dagegen natürlich nichts einzuwenden.

Idealtypische Betrachtung der Arbeit nach Montessori

	Kind	Erwachsener
arbeitet	unbewusst	bewusst
arbeitet eher	aus innerem Antrieb	von außen motiviert
Arbeit ist stark verbunden mit	Persönlichkeitsaufbau	Persönlichkeitsbestätigung
Arbeit ist zu einem Großteil	energieintensiv	zweckrational, ökonomisch
Arbeit wird häufig erlebt als	erfrischend	ermüdend

9.8 Inklusion in Kinderhaus und Montessori-Schule

»Der pädagogischen Konzeption von Inklusion sind [...] die Merkmale der Selbstbestimmung und Mitbestimmung, der Eigenverantwortung, der Anerkennung von Individualität und Heterogenität, der Kooperation und Solidarität, der Ganzheitlichkeit inhärent« (Bintinger u. a. 2005: 21).

Impulse für eine integrative und inklusive Erziehung

Eine Umsetzung des Gedankens der Inklusion erfordert eine »Pädagogik, in der alle Kinder in Kooperation miteinander, auf ihrem jeweiligen Entwicklungsniveau nach Maßgabe ihrer momentanen Wahrnehmungs-, Denk- und Handlungskompetenzen in Orientierung auf die ›nächste Zone der Entwicklung‹ an und mit einem »Gemeinsamen Gegenstand« spielen, lernen und arbeiten« (Feuser 2002: 283). Die Montessori-Pädagogik bietet hierzu viele didaktische Möglichkeiten. Zwar hat Montessori selbst nach heutigen Definitionen weder integrativ noch inklusiv gearbeitet, jedoch erscheint ihre Pädagogik heute Theoretikern wie Praktikern als anschlussfähig im Hinblick auf die Umsetzung einer »Schule für alle Kinder« oder ein »gemeinsames Lernen«. Betrachtet man ihre Pädagogik vor dem Hintergrund ihres Menschenbildes und die daraus abzuleitenden didaktischen Dimensionen, kann die Montessori-Pädagogik als Modell (vgl. Ludwig 1994) für eine gelingende integrative und inklusive Erziehung verstanden werden, wenngleich Montessori selbst die Einrichtung von Zusatzklassen bzw. Sonderschulen für Lernbehinderte befürwortete. Ihre Argumente gegen die Integration drücken Unsicherheit aus und zeigen, dass sie diesbezüglich die Stärken ihres eigenen Konzeptes nicht überschauen konnte (vgl. Klein-Landeck 2005).

Hervorzuheben ist allerdings ihr Bestreben, das einzelne Kind nach dem Maß seiner persönlichen Ressourcen zu fördern. »Jeder Geist muss die Chance haben, die höchste Stufe seiner Fähigkeiten zu erreichen – auch wenn ein anderer Geist nicht wird fähig sein können, sich zur höchsten Stufe zu erheben. Nicht alle können gleich sein, doch allen muss man gleiche Möglichkeit geben, sich entfalten zu können« (Montessori 1995: 123). Somit kann Bildung ihrer Ansicht nach nur als Prozess verstanden werden, der interindividuell verschieden ist und für den keine für alle geltenden Ziele normativ gesetzt werden können. So versteht sie unter einer idealen (Bildungs-)Gerechtigkeit die, »welche allen Kräften des menschlichen Geistes hilft, hervorzukommen. Wenn es z. B. in einer Schule ein Kind gibt, das zeigt, dass es Mathematik besser versteht als die anderen: Lasst uns ihm die Gelegenheit geben, über die anderen hinauszuragen, sowohl über die Intelligenteren als auch über die Zurückgebliebenen. Und so sei es bei den Kräften eines jeden: Jede Kraft, die sich zeigt, muss die Gelegenheit und die Mittel finden, sich zu entfalten« (Montessori 1995: 122).

Richtungsweisend für die gesetzliche Entwicklung bildungspolitischer Perspektiven in Deutschland ist die UN-Konvention über die Rechte behinderter Menschen, die im Dezember 2008 als deutsches Recht übernommen wurde. Hier heißt es in Artikel 24 (Education): »States Parties recognize the right of persons with disabilities to education. With a view to realizing this right without discrimination and on the basis of equal opportunity, States Parties shall ensure an inclusive education system at all levels [...]« Die offizielle deutsche Übersetzung lautet (§ 24, Abs. 1): »Die Vertragsstaaten anerkennen das Recht von Menschen mit Behinderungen auf Bildung. Um dieses Recht ohne Diskriminierung und auf der Grundlage der Chancengleichheit zu verwirklichen, gewährleisten die Vertragsstaaten ein integratives Bildungssystem auf allen Ebenen.«

Damit ist der deutsche Staat in der Pflicht, integrative bzw. inklusive Schulkonzepte umzusetzen. Für die Erzieherinnen und Lehrerinnen bedeutet dies ein besonderes konzeptionelles Arbeiten. Die Montessori-Pädagogik gibt viele Antworten auf Fragen wie:

- Wie schaffe ich es, tagtäglich mit einer solchen Heterogenität umzugehen?
- Wie muss ich eine Umgebung gestalten, die den Lernbedürfnissen unterschiedlicher Kinder gleichzeitig gerecht wird?
- Welche neue Rolle wird von mir verlangt im Umgang mit Kindern verschiedener Lernausgangslagen?

Praktische Konsequenzen

Diese und ähnliche Fragen treiben Lehrerinnen und Erzieherinnen um, wenn sie sich auf den Weg machen, eine Pädagogik für alle zu denken. Wir verweisen hier auf die didaktischen Prinzipien der Montessori-Pädagogik: Schon aus ihrem Grundgedanken geht hervor, dass es ihr darum geht, die Stärken des Einzelnen zu berücksichtigen und im gemeinsamen Lernen daran anzuknüpfen, was jedes Kind mitbringt bzw. in sich trägt. Mit diesem Grundverständnis kann es in der Montessori-Pädagogik nicht darum gehen, Ziele zu erreichen, die für alle Kinder verbindlich sind. Jedes Kind kann nur mit sich selbst verglichen werden. Seine eigene Entwicklung, sein eigener Kompetenzzuwachs ist für seine individuelle Lernbiographie wichtig. Diese gilt es zu stärken. So ist es auch möglich, dass Kinder in einer Gruppe arbeiten, die ganz unterschiedliche Stärken mitbringen.

Einer der Ersten in Deutschland, die das inklusive Potenzial der Montessori-Pädagogik betonen, ist der Münchner Kinderarzt Theodor Hellbrügge. Er vertritt, wie bereits Maria Montessori selbst, die Ansicht, dass ein gemeinsames Lernen in Freiheit für die Entwicklung des einzelnen Menschen bedeutend und bereichernd ist. Mitte der 60er Jahre unternimmt Hellbrügge im Auftrag des Deutschen Bildungsrates eine Forschungsreise auf der Suche nach innovativen Konzepten und Ideen, wie benachteiligte Kinder gefördert werden können. Die Montessori-Pädagogik erweist sich anschlussfähig für ein Konzept gemeinsames Lernens – orientiert an den persönlichen Ressourcen. Hellbrügge gründet 1968 in München zuerst einen Kindergarten, dann eine Grundschule, die nach den Prinzipien der Montessori-Pädagogik arbeiten. Seine pädagogische Arbeit kann große Erfolge melden. Das zunächst skeptische Kultusministerium muss feststellen: Ein Drittel der als geistig und lernbehindert eingestuften Schüler erreicht den Hauptschulabschluss. Inzwischen gibt es zahlreiche Einrichtungen, die integrativ arbeiten oder sich auf den Weg machen, inklusive Einrichtung zu sein, d. h. den Kindern von Anfang zu ermöglichen, gemeinsam zu arbeiten.

Sucht man in Montessoris eigenen Schriften Impulse zu einer individuellen Förderung aller Kinder, dann kann man feststellen: Sie verstand individuelle Förderung zunächst als pädagogische Haltung, die Stärken jedes einzelnen Kindes zu stärken – vom Anfang eines jeden individuellen Bildungsweges an.

9.8 Inklusion in Kinderhaus und Montessori-Schule

10
»Hilf mir, es selbst zu tun«
Montessori-Pädagogik in der Grundschule (6–12 Jahre)

Im Idealfall setzt die (nach Montessoris Vorstellung sechsjährige) Grundschule die vorschulische Erziehung fort. Dieses Kapitel beschreibt, welche neuen pädagogischen Herausforderungen sich aus der Entwicklung der Kinder ergeben und wie die Schule ihnen gerecht werden kann. Außerdem setzt es sich mit möglichen Bedenken gegen das Konzept der Montessori-Schulen im Verhältnis zu den Regelschulen auseinander.

Wie bereits ausgeführt, ist Maria Montessori eine scharfe Kritikerin der *alten, autoritären Schule*. Diese stellt nach ihrer Überzeugung im Leben vieler Kinder eine schmerzhafte Erfahrung dar und eignet sich nur sehr bedingt zur Erziehung freier und mündiger Menschen. Sie kritisiert z. B., dass die Schüler sozusagen als leere Fässer betrachtet werden, denen man beliebige Mengen von Wissen eintrichtern kann. Die Monotonie der Unterrichtsmethoden ersticke jedoch die kindliche Neugier, jede Individualität bleibe unberücksichtigt.

Statt an die vorhandenen, natürlichen Lerninteressen der Kinder anzuknüpfen, pflege man in den Schulen die beschwerliche »Kunst, die Kinder durch ihre eigene geistige Arbeit dahin zu bringen, nicht zu finden, was sie natürlicherweise finden würden, sondern das, was der Lehrer will. Dieser sagt jedoch nicht, was er will« (Montessori 2008: 51). Das führe dazu, dass der kindliche Geist zur Flüchtigkeit erzogen werde. Wirkliches Verständnis und echtes Interesse könne sich so nicht entwickeln. Montessori bemerkt dazu:

Unnatürlichkeit des traditionellen Unterrichts

»Die vom Lehrer mit solchen Mitteln durchgeführte geistige Erziehung lässt an einen Chauffeur denken, der den Motor abstellt und dann versucht, das Auto mit der Kraft seiner Arme anzuschieben. Er wird so zum Lastträger und das Auto zu einer nutzlosen Maschine. Wenn dagegen der Motor angestellt ist, bewegt die innere Kraft das Auto, und der Chauffeur muss es nur *lenken*, damit es die sichere Straße entlangfährt« (Montessori 2008: 254 f).

Im vorwiegend frontalgesteuerten Unterricht lernen die Kinder im gleichen Tempo und zur gleichen Zeit. Alle erhalten denselben, oft für ihr Leben wenig bedeutsamen Stoff. Dieser wird nicht aktiv erarbeitet, sondern dargeboten. Er muss auswendig gelernt werden und in Prüfungen abrufbar sein. Selbstständiges Lernen, eigentätiges Forschen und die Entfaltung der kindlichen Kreativität und Phantasie spielen keine Rolle.

Beklagenswert ist nach Ansicht Montessoris auch die fehlende Bildungsgerechtigkeit: Nicht jedes Kind erhalte – unabhängig von seiner Herkunft – gleiche Chancen. Auch werde nicht angemessen auf die mündige Teilhabe am gesellschaftlichen Leben, auf die Zukunft als Staatsbürger vorbereitet. Es fehle an Mitbestimmungsrechten für Jugendliche, die Struktur der Schule sei dem Wesen der modernen demokratischen Gesellschaft diametral entgegengesetzt:

»Wer behaupten würde, das Prinzip der Freiheit gestalte heute Pädagogik und Schule, würde ausgelacht wie ein Kind, das beim Anblick der aufgespießten Schmetterlinge darauf beharrt, sie seien lebendig und könnten fliegen« (Montessori 2010: 16).

10.1 Die sensiblen Phasen im Grundschulalter

Montessori will die Schule stärker vom Kinde aus denken. Daher berücksichtigt sie, sowohl was die Dauer der Grundschulzeit als auch was die Struktur, Organisation und pädagogische Gestalt dieser Schulform angeht, die Besonderheiten der kindlichen Entwicklung und die in bestimmten Phasen dieser Entwicklung jeweils verstärkt auftretenden Sensibilitäten. Das heißt, die sensiblen Phasen bilden auf dieser Entwicklungsstufe den Ausgangspunkt für die Gestaltung einer kindgemäßen Schule. Zu den charakteristischen Grundbedürfnissen und entwicklungspsychologischen Merkmalen des Kindes im Grundschulalter zählen nach Montessori vor allem

■ das starke Bedürfnis, zunehmend aus dem engeren familiären Bereich herauszukommen
■ der enorme Bildungshunger
■ die zunehmende Abstraktionsfähigkeit und große Vorstellungskraft
■ das Entstehen des moralischen Bewusstseins.

Montessori konzipiert die Grundschule als eine sechsjährige Primarstufe, die den besonderen Sensibilitäten der Kinder dieser Altersstufe vor allem durch die Lernangebote im Bereich der Kosmischen Erziehung Rechnung tragen soll.

Nach ihrer Überzeugung haben die Kinder bereits im Kinderhaus entscheidende Grundlagen der Bildung und Kenntnisse in den Kulturtechniken erworben. Sie haben vielseitige Interessen und eine starke Lernmotivation entwickelt. Im Grundschulalter zeigen sie nun oft einen unstillbaren Wissensdurst und einen enormen Lerneifer in Bezug auf die *großen Fragen,* wie etwa die nach der Entstehung des Lebens. Die Kinder begnügen sich nun *Frage nach Hin-* nicht mehr mit der Kenntnis bloßer Fakten, sondern wollen Zusammenhänge erforschen *tergründen und* und Hintergründe verstehen. Sie setzen sich z. B. mit der Grenzenlosigkeit von Raum und *Zusammenhängen* Zeit auseinander und fragen oft nach dem *Warum* der Dinge, weil sie beginnen, sich für die Ursachen und Wirkungen von Phänomenen zu interessieren.

Verstärkt stellen sie jetzt Fragen philosophischer Natur. Daher sollen ihnen im Rahmen der Kosmischen Erziehung *höhere Ideen philosophischer Art* angeboten werden, und es soll ein »breitwürfige[s] Säen einer Höchstzahl von Interessenssamen« (Montessori 1988: 38) stattfinden. Wenn wir heute vom *Philosophieren mit Kindern* reden, meinen wir diese Entwicklungsphase, für die schon Montessori fordert, mit den Kindern über Gott und die Welt zu sprechen, also über Fragen wie

■ Woher kommen wir?
■ Wie weit ist es bis zum Mond?
■ Was kommt nach dem Tod?

Weil ein Kind aufgrund seiner geistigen Entwicklung nun größere Zusammenhänge erfassen und verstehen kann, sollte man »Großes bringen: Am Anfang wollen wir ihm die ganze Welt geben« (Montessori 1966: 47).

Frage nach Aber auch die jetzt einsetzende Sensibilität für moralische Fragen ist typisch für diese *Gut und Böse* Entwicklungsphase. Etwa ab dem fünften oder sechsten Lebensjahr interessieren sich Kinder zunehmend für normative Maßstäbe und die Bewertung von Handlungen. Sie wollen wissen, was man darf und was nicht, was sich gehört und was nicht erwünscht ist, was gut ist und was schlecht. Sie sind voller Fragen und erwarten klare Antworten. Aufgrund der engen Wechselwirkung von moralischer und sozialer Entwicklung sollten Kinder in diesem nach Montessori für die ethische Grundorientierung fundamentalen Alter in Gemeinschaften eingebunden sein, in denen sie in dieser Hinsicht viele Erfahrungen sammeln können. Aber auch die Auseinandersetzung mit Themen aus der Kosmischen Erziehung fördert nach ihrer Überzeugung in dieser Phase in besonderem Maße die sittliche Entwicklung.

Man kann sagen, dass Montessori die Kosmische Erziehung als *Grundstein einer Schulerziehung* versteht, die eine *neue Form intellektueller Bildung* vermitteln und *neue Gefühle der Menschlichkeit* kultivieren soll. Durch vernetztes Lernen sollen einzelne Bildungsinhalte in ihren Zusammenhängen vermittelt werden, damit sich aus der Einsicht in diese Verbindungen und Abhängigkeiten bei den Schülern ein Verantwortungsgefühl für sich, die Mitmenschen, die Natur und letztlich den ganzen Kosmos entwickeln kann. Im Zentrum der Kosmischen Erziehung steht die Integration aller Bildungsbemühungen in einem einheitlichen Lehrplan, »der den Verstand und das Gewissen aller Menschen in Harmonie vereinen kann« (Montessori 1988: 26 f).

Kosmische Erziehung

Die praktische Verankerung der Kosmischen Erziehung in der Montessori-Grundschule hat bereits zahlreiche Anregungen methodischer und didaktischer Art erbracht. Zu erwähnen sind etwa die *Kosmischen Erzählungen* (Cosmic Tales), vielfältige Lernmaterialien für die Freie Arbeit, Zeitleisten für den Überblick über geschichtliche Epochen u. v. m., die im Unterricht vieler Grundschulen eine bedeutende Rolle spielen. Allerdings ist Maria Montessoris Anspruch, die Kosmische Erziehung zur Basis für eine strukturelle und inhaltliche Neugestaltung von Schule und Unterricht zu machen, noch nicht vollständig eingelöst. In dieser Hinsicht ist die Diskussion in Theorie und Praxis der Montessori-Pädagogik noch längst nicht abgeschlossen.

10.2 Die Montessori-Grundschule als Vorbereitete Umgebung für 6- bis 12-Jährige

Nach Montessoris Auffassung kann nur das genaue Studium der kindlichen Entwicklungsprozesse und Bildungsbedürfnisse eine Grundlage für angemessenes pädagogisches Handeln liefern. Systematische Beobachtung, genaue Analyse der ermittelten Ergebnisse und die reflektierte Anwendung der gewonnenen Erkenntnisse bilden nach Montessori das Fundament einer echten *Schule des Kindes*. Daher ist für sie die Konzeption von Schule und Unterricht konsequent *vom Kinde aus* zu denken, wie folgendes Zitat deutlich macht: »Das Ganze unserer Schule basiert auf den Lebensäußerungen der Kinder, die uns […] klare Hinweise gaben, wie unsere Schule zu organisieren und aufzubauen sei« (Montessori 1989: 164).

10.2 Die Vorbereitete Umgebung für 6- bis 12-Jährige

Sechsjährige Grundschule

Eine Konsequenz daraus ist beispielsweise, dass für Montessori die Grundschulzeit sechs Jahre umfasst. Was voll und ganz den heute in fast allen europäischen Ländern üblichen Standards entspricht, begründet sie *entwicklungspsychologisch* und verweist auf den Persönlichkeitswandel, der etwa mit Beginn der Pubertät einsetzt. Die (außer in Berlin und Brandenburg) nur vier Jahrgänge umfassende Grundschule in Deutschland ist hingegen einem auf dem Weimarer Schulkongress von 1920 gefundenen *politischen* Kompromiss geschuldet.

Nicht zuletzt aufgrund der jeweils unterschiedlichen Rahmenbedingungen des Bildungssystems in den (Bundes-)Ländern lässt sich kein einheitliches Muster für die Struktur und Gestalt einer Montessori-Grundschule erkennen, die individuellen Unterschiede sind mitunter recht groß. Gleichwohl lassen sich im *idealtypischen Grundriss der Montessori-Schule* charakteristische Organisationsmerkmale ausmachen, zu denen u. a. die enge Verbindung von Kinderhaus und Schule zählt.

»Wo immer unsere Methode angewendet worden ist, gab es stets eine enge Verbindung zwischen der vorschulischen und der Grundschulerziehung« (Montessori 1989: 165).

Nach Montessori sollten das Kinderhaus (das sie dem angelsächsischen Sprachgebrauch folgend übrigens oft als *Schule* bezeichnet) und die Grundschule eine institutionelle Einheit bilden, die Kinder von drei bis zwölf Jahren aufnimmt. Das Kinderhaus ist für sie keine Vorbereitung auf die Grundschule, sondern »ein Beginn des Unterrichts, der ohne Unterbrechung fortgeführt wird. Bei unserer Methode lässt sich die ›vorschulische‹ Periode von der ›schulischen‹ nicht unterscheiden. Denn hier wird der Unterricht des Kindes nicht durch ein Programm gelenkt, sondern durch das Kind selbst, das […] sich entfaltet und einige Bildungs*stufen* erreicht, die normalerweise in die darauffolgenden Altersklassen fallen« (Montessori 2010: 376). Statt der Trennung in unterschiedliche Institutionen will Montessori eine enge Verbindung zwischen beiden Stufen, um so die kindliche Entwicklung nahtlos begleiten und unterstützen zu können.

»Die Kleinen in den ›Kinderhäusern‹ wurden in vier Bildungszweige eingeführt: Zeichnen, Schreiben, Lesen und Arithmetik, die in der Grundschule dann unmerklich weiterverfolgt werden. Diese Zweige ergeben sich aus der Ausbildung der Sinne, welche die Vorbereitung und die Anfangsimpulse aller vier enthalten, die daraus mit einer Art Ungestüm hervorbrechen. Tatsächlich ergibt sich Arithmetik aus einer Sinnesübung zur Schätzung der Dimensionen, also der quantitativen Beziehungen zwischen den Dingen; Zeichnen stammt aus einer Erziehung des Auges, Formen zu beurteilen und Farben zu unterscheiden, und gleichzeitig aus der Vorbereitung der Hand, die Umrisse bestimmter Gegenstände nachzuzeichnen; Schreiben ergibt sich aus einer komplexen Gesamtheit von Tastübungen, welche die leichte Hand dazu bringen, sich in bestimmte Richtungen zu bewegen, das Auge, abstrakte Umrisse und Formen zu analysieren, das Gehör, die Laute der Stimme zu vernehmen, die beim Sprechen die Wörter in all den Lauten formt, die das aus dem Schreiben entstehende Lesen ergeben« (Montessori 2010: 376 f).

Mit der Einheit von Vorschule und Schule ist für Montessori das *Prinzip der offenen Türen* und die *freie Zirkulation* eng verbunden: Die Kinder dürfen nach Bedarf frei zwischen den Gruppen wechseln. Ältere Schüler können so im Raum der jüngeren Kinder Bekanntes wiederholen oder einfach mal wieder ein altes Spiel oder ein geliebtes Material in die Hand nehmen. Die Kleinen hingegen sehen den Älteren zu und entwickeln dabei neue Interessen oder lernen etwas nebenbei, was sonst noch gar nicht *dran* wäre. Montessori erkennt, dass jüngere Kinder oft mehr verstehen, als wir Erwachsene ihnen zutrauen.

Einheit von Kinderhaus und Grundschule

»Die Klassen der drei- bis sechsjährigen Kinder und der sieben- bis neunjährigen Kinder sind auch nicht streng voneinander getrennt, so dass die sechsjährigen Kinder von der darauffolgenden Klasse Anregungen empfangen. Die Trennwände in unseren Schulen sind nicht durchgezogen, und die Schüler können leicht von einer Klasse in die andere gehen [...] und alle Gruppen stehen miteinander in Verbindung. [...] Es besteht immer die Möglichkeit zu einem geistigen Spaziergang« (Montessori 2007: 204).

Die niederländischen *Basisschools* als Schulen für alle Kinder im Alter von drei (oder vier) bis zwölf Jahren entsprechen sehr den hier skizzierten Vorstellungen Montessoris und kommen ihrer Forderung nach einem kontinuierlichen Bildungsweg entgegen, indem sie Kinderhaus und sechsjährige Grundschule unter einem Dach vereinen. In Deutschland hingegen erweist sich die historisch begründete Trennung dieser beiden Einrichtungen in dieser Hinsicht als Hindernis, denn aufgrund der sozialpädagogischen Wurzeln des Kindergartens ist der vorschulische Bereich verwaltungstechnisch den Familien- bzw. Sozialministerien zugeordnet, die Schule aber den Kultus- oder Bildungsministerien.

Zwar wurden in Deutschland ab den 1950er Jahren Montessori-Zentren gegründet, die sich durch die Integration oder räumliche Nähe von Kinderhaus, Grundschule und z. T. auch weiterführender Schule auszeichnen. Ihnen werden jedoch aufgrund der schulpolitischen Rahmenbedingungen erhebliche Kompromisse abverlangt, so dass etwa die flexiblen Übergänge zwischen Kinderhaus und Grundschule kaum realisiert werden können. Anstelle der von vielen Montessori-Pädagogen gewünschten Einheit findet sich in Deutschland eine Dreiheit von Elementar-, Primar- und Sekundarstufe. Die pädagogischen Chancen können somit nicht voll ausgeschöpft werden, da die erfolgreiche Arbeit des Kinderhauses in der Schule oft nicht mehr fortgesetzt wird bzw. die Schule nicht auf die Grundlegung freier Arbeitsweisen im Kinderhaus vertrauen kann.

10.3 Der Unterricht in der Montessori-Grundschule

Nicht selten werden Bedenken geäußert, inwiefern an den etwa 300 Montessori-Grundschulen in Deutschland die Lehrplanvorgaben erfüllt und die Kinder angemessen auf die weiterführende Schule vorbereitet werden. Damit ist u. a. auch die Frage nach den Formen der Leistungsmessung verbunden, da ein stark individualisiertes und zieldifferentes Lernen wie in der Freiarbeit nach Ansicht vieler gemeinsame Klassenarbeiten ausschließt.

Lehrpläne und Leistungsmessung

Dazu ist zu sagen, dass die Montessori-Schulen an die Vorgaben der im jeweiligen Bundesland geltenden Richtlinien und Lehrpläne gebunden sind und sich von Regelschulen nur durch den Weg unterscheiden, auf dem die dort formulierten Lernziele erreicht werden. Auch die Klassenfrequenzen entsprechen denen an anderen Schulen. Die Erfahrung zeigt aber, dass Montessori-Schüler bildungsmäßig keine Nachteile erfahren. Im Gegenteil: Sie leisten dasselbe wie Regelschüler (oder auch mehr), aber in freieren Lernformen und stärker nach ihrem eigenen Arbeitsrhythmus.

Dabei gehen sie z. T. deutlich über die curricularen Anforderungen hinaus und zeichnen sich überdies durch ihre selbstständige Arbeitsweise, die ausgeprägte Lernfreude und ihr positives Sozialverhalten aus. Auch Anstrengungsbereitschaft, Ausdauer, Kreativität und Konzentrationsfähigkeit sind, wie Ehemalige rückblickend immer wieder bestätigen, wertvolle Kompetenzen, die die Kinder an Montessori-Schulen erwerben.

Empirische Studien[6] belegen, dass die Kinder ihre Zeit in der Freiarbeit nahezu vollständig (zu über 90 %) nutzen und in der Regel keine einseitigen Lerninteressen entwickeln. Jüngere Untersuchungen, wie die von Wilhelm Suffenplan[7], ergeben sogar eine leistungsmäßige Überlegenheit der Viertklässler an Montessori-Schulen gegenüber den Schülern an Regelschulen, insbesondere in Mathematik.

Methodenvielfalt

Zwar bildet die Freiarbeit mit bis zu 15 Zeitstunden pro Woche das Herzstück der Unterrichtsorganisation an Montessori-Schulen. Sie wird jedoch durch verschiedene andere Unterrichts- und Sozialformen ergänzt, vom gebundenen Fachunterricht über Gruppen-, Projekt- und Werkstattarbeit bis hin zu Exkursionen, Förderunterricht, Arbeitsgemeinschaften usw. (siehe den beispielhaften Stundenplan weiter unten). Dort können wichtige Anstöße aus der Freiarbeit aufgegriffen und Grundkenntnisse für alle gesichert werden. Der gebundene Unterricht ist der Ort für alles, was gemeinsames Lernen erfordert, wie etwa Lektüre, Spiel, Sport, Musik, Andacht und Feier. Andererseits können vom Klassenunterricht anregende Impulse für die individuelle Vertiefung in der Freiarbeit ausgehen. So können sich freie und gebundene Unterrichtsformen optimal ergänzen.

Montessori will den Grundschülern zudem verstärkt die *Welt selbst darbieten*, wie sie sagt, und fordert dazu auf, das Klassenzimmer häufig zu verlassen: »Veranlassen wir das Kind zu wandern, zeigen wir ihm die Dinge in ihrer Wirklichkeit, anstatt Gegenstände anzufertigen, die Begriffe darstellen, und sie in einen Schrank einzuschließen« (Montessori 1966: 44).

Natürlich gibt es an jeder Montessori-Schule auch Schülerreferate, einen Klassenrat und Kreisgespräche.

---

6 Vgl. Fischer, Reinhard: *Empirische Ergebnisse der Montessori-Pädagogik,* in: Ludwig, Harald (Hrsg.): *Montessori-Pädagogik in der Diskussion,* Freiburg 1999: 173–218.

7 Suffenplan, Wilhelm: *Die Lernstandsergebnisse von VERA 2004 bei Montessori-Schulen und Montessori-Schulzweigen Nordrhein-Westfalens,* in: MONTESSORI 44 (2006), Heft 1/2: 18–60.

Stundenplan Stufe I (Jahrgang 1–3)

	Montag	Dienstag	Mittwoch	Donnerstag	Freitag
7:45–8:30	\multicolumn{5}{c}{Offener Anfang}					
8:30–10:30	Freiarbeit	Freiarbeit	Freiarbeit	Freiarbeit	Freiarbeit
	... Leseschreibwerkstatt – Schach – Theater – Trommeln – Kreatives Schreiben – Matheforscher ...				
10:30–11:00	Pause				
11:00–12:00	Epoche	Epoche	Epoche	Epoche	Epoche
12:00–13:15	Mittagspause				Mittagspause
13:15–14:00	Klassenrat	Mittagspause	Mittagspause	Mittagspause	Wochenabschluss
14:00–15:30	AGs				AGs

Therapien: Logopädie, Ergotherapie, Musiktherapie, Physiotherapie ...
AGs: Theater, Akrobatik, Fußball, Nähen, Robotik, Papier, Werken, Yoga, Tanz ...

Typische Stundentafel einer Montessori-Schule

Kreisgespräch vor der freien Wahl der Arbeit

10.3 Der Unterricht in der Montessori-Grundschule

Zum Fach- bzw. Klassenunterricht werden entweder einzelne Jahrgänge aus verschiedenen altersgemischten Gruppen zusammengefasst, oder diese bleiben auch hier erhalten. Jahrgangsübergreifender Fachunterricht wird oft in Religion, Kunst, Musik und Kosmischer Erziehung erteilt, jahrgangsbezogener Unterricht eher in Sprache, Mathematik und Sport. Alle Unterrichtsformen sollen dabei ineinandergreifen und sich pädagogisch sinnvoll ergänzen.

Somit wird deutlich, dass Montessori-Schüler keineswegs *weltfremd* erzogen werden, wie gelegentlich befürchtet wird, weil sie angeblich vor lauter Freiarbeit nicht angemessen auf den Unterricht der weiterführenden Schule vorbereitet werden.

Zeitrhythmen

Ein charakteristisches Merkmal der Montessori-Schule ist die Rhythmisierung des Tagesablaufs gemäß der biologischen Arbeitskurve der Kinder. Viele Einrichtungen sind *Schulen ohne Klingel*: Da sie sich ihren Arbeits- und Ruherhythmus nicht von der Uhr diktieren lassen wollen, wird der Schulgong kurzerhand einfach abgestellt.

Ein weiteres Kennzeichen ist der fließende Unterrichtsbeginn. Dieser ist durch die individuellen Aktivitäten der Kinder während der offenen Eingangsphase geprägt. Die Kinder treffen nach und nach ein. Manche stürzen sich sofort in die Arbeit und wenden sich spontan einem Material ihrer Wahl zu, andere brauchen morgens noch etwas mehr Zeit, um richtig *anzukommen*. Zu einem bestimmten Zeitpunkt müssen aber alle bei der Arbeit sein. Diese wird dann durch kein Klingeln mehr gestört. Wer eine Pause benötigt, nimmt sie sich individuell. Viele arbeiten aber so konzentriert, dass sie gar nicht auf die Idee kommen ...

10.4 Leistungsmessung und Leistungsbewertung

In diesem Abschnitt soll kurz auf die Frage der Leistungsmessung und Leistungsbewertung an Montessori-Schulen eingegangen werden.

Zunächst einmal ist zu sagen, dass sich die Entwicklung individueller Leistungsprofile in der Freiarbeit besonders differenziert beobachten lässt, da Stärken und Schwächen der Kinder offen zutage treten. Ein Teil der Leistungsüberprüfung ist in die Hände des Kindes gelegt, denn an erster Stelle steht nach Montessori immer die Selbstkontrolle am Material. Daneben hat sich besonders bei anspruchsvolleren Aufgaben auch die Überprüfung durch Mitschüler, den Lehrer oder mit Hilfe von Kontrollkarten o. Ä. etabliert und bewährt.

Größtmögliche Differenzierung

Zudem finden auch an Montessori-Schulen Einzelprüfungen oder Kontrollarbeiten in der Gruppe statt. Man versucht den vermeintlichen Widerspruch zwischen individuellem Lernfortschritt einerseits und vergleichenden Lernstandserhebungen und Klassenarbeiten andererseits dadurch aufzuheben, dass die Schüler bestimmte Lernerfolgskontrollen zu individuell unterschiedlichen Zeitpunkten ablegen können, und zwar wenn sie dazu wirklich bereit sind. Spätestens in der Abschlussklasse erscheint es dann jedoch sinnvoll, die Kinder zumindest ab und zu die Erfahrung *richtiger* Klassenarbeiten machen zu lassen, damit sie auf die Lernerfolgskontrollen an weiterführenden Schulen vorbereitet sind.

Zum Problem der Leistungsbewertung an Montessori-Grundschulen führt die ehemalige Bonner Schulleiterin Barbara Stein kritisch aus: »Die Notengebung ist [...] keine adäquate Form der Leistungsbewertung, weil sie den größten Teil der Lernziele nicht überzeugend bewerten kann. Das Einüben und Festigen von Anstrengungsbereitschaft, Ausdauer, Konzentrationsfähigkeit, Umsicht, Kreativität, Kooperation und Hilfsbereitschaft sind Lernziele, die nicht in Noten ausgedrückt werden können. Ebenfalls können viele Lernziele der einzelnen Fachgebiete nur unzureichend mit Noten erfasst werden. Ein Notenzeugnis vermittelt den Eindruck, als sei der Erwerb von abfragbarem Wissen das einzige Lernziel der Grundschule, was faktisch dazu führen kann, dass man dem abfragbaren Wissenserwerb mehr Aufmerksamkeit widmet als den vielen anderen ebenso wichtigen Lernzielen« (Stein 2007: 134).

Die Lernentwicklung der Kinder an Montessori-Grundschulen wird überwiegend in Pensenbüchern, Lernpässen, Logbüchern oder Büchern des Könnens dokumentiert. Zeugnisse sind in der Regel und solange es das jeweilige Schulgesetz erlaubt, ziffernnotenfreie Entwicklungsberichte zum Arbeits- und Sozialverhalten sowie zu den Fachleistungen, welche durch Kompetenzraster ergänzt werden können. An vielen Montessori-Schulen finden inzwischen auch Lernstands- bzw. Zielklärungsgespräche statt, die es ermöglichen, dass im intensiven Gespräch zwischen Kind, Pädagogen und Eltern differenziert auf die Persönlichkeitsentwicklung und das Leistungsprofil eines Kindes eingegangen wird. Die dialogische Vorgehensweise und das gemeinsame Vereinbaren verbindlicher Lern- und Entwicklungsziele kommen den pädagogischen Anliegen der Montessori-Pädagogik sehr entgegen (vgl. Klein-Landeck u. a. 2010).

10.5 Jahrgangsübergreifendes Lernen

Seit den Anfängen der Montessori-Pädagogik bis heute hat die Altersmischung in Kinderhäusern und Schulen einen zentralen Stellenwert. Das liegt daran, dass Montessori die Jahrgangsklasse entschieden ablehnt, denn es sei »unmenschlich und grausam, Menschen gleichen Alters zusammenzutun« (Montessori 2007: 203). Einerseits sei kein Kind außerhalb von Schule oder Kindergarten nur mit Gleichaltrigen zusammen – weder im Freundeskreis noch in der Familie. Andererseits könne jede Mutter bestätigen, dass es ohnehin einfacher sei, unterschiedlich alte Kinder

Kinder lernen voneinander

großzuziehen, als Zwillinge oder Drillinge, die ständig zur gleichen Zeit die gleichen Bedürfnisse äußern.

Montessori erkennt viele Vorzüge der Altersmischung für die Entwicklung junger Menschen und ihre Vorbereitung auf das spätere Leben. Daher sollen in ihren Einrichtungen je drei Jahrgänge (3–6; 6–9; 9–12 Jahre) in einer Gruppe vereinigt werden, um das so entstehende *Bildungsgefälle* erzieherisch, aber auch für den Unterricht zu nutzen.

Pädagogische Vorzüge der Altersmischung

- In altersgemischten Gruppen bieten sich vielfältige Anlässe zu gegenseitiger Hilfe, Kooperation und Rücksichtnahme sowie zur Entwicklung von Toleranz und solidarischem Umgang miteinander. Diese Verhaltensweisen und Kompetenzen entstehen in der Regel aus den Kindern heraus und ohne besonderes Zutun der Pädagogen.
- Die Integration neuer Kinder in die Gruppe wird erleichtert, weil eingeübte Regeln an Jüngere weitergegeben und von diesen übernommen werden.
- Alljährlich verlassen einige Kinder die Gruppe und neue rücken nach. Dass die Grundstruktur weitgehend erhalten bleibt, dient der Kontinuität und Stabilität. Die Neulinge sorgen aber auch für neue Impulse und frischen Wind.
- In der Schule erübrigt sich das Wiederholen oder Überspringen einer Klasse, da Kinder unterschiedlich lange in der Gruppe verweilen können. Manche bleiben zwei Jahre, andere drei oder vier.
- Rollenverfestigungen und Ausgrenzung lassen sich vermeiden, weil sich jeder einmal in der Rolle des Kleinen, des Mittleren und des Großen erlebt. Dadurch gehören alle einmal zu den Jüngeren, denen geholfen wird, und zu den Älteren, die sich verpflichtet fühlen zu helfen. Dieser Wechsel vollzieht sich immer wieder neu. Außerdem bleibt meist niemand über längere Zeit hinweg Streber, Star oder Außenseiter, da sich die Gruppenkonstellation jedes Jahr wieder ändert und stets die Chance auf einen Neuanfang besteht.
- Ältere werden in ihrem Selbstbewusstsein gestärkt, wenn sie sich im Spiegel der Jüngeren als reifer erleben und als Beschützer auftreten können. Jüngere finden in Älteren oft nachahmenswerte Vorbilder und erhalten viele Anregungen.
- Da es in der Altersmischung selbstverständlich ist, verschieden zu sein, lassen sich behinderte und hochbegabte Kinder leichter integrieren. Seit den frühen 70er Jahren hat beispielsweise, ausgehend von den Montessori-Einrichtungen der Aktion Sonnenschein in München, die Zahl der Schulen stetig zugenommen, die integrativ arbeiten bzw. die guten Fördermöglichkeiten dieser Pädagogik Kindern mit sonderpädagogischem Förderbedarf zukommen lassen.

Didaktische Vorzüge der Altersmischung

- Kinder geben einander vielfältige Lernanregungen: Jüngere entdecken bei Älteren interessante Aufgaben, die eigentlich noch nicht *dran* sind. Ältere können bei Lernproblemen ohne Gesichtsverlust mit Jüngeren zusammenarbeiten und Bekanntes wiederholen.
- In altersgemischten Lernsituationen lässt sich manches nebenbei entdecken, indem man anderen über die Schulter schaut.
- Kinder helfen sich untereinander, ohne dass Unterlegenheits- und Überlegenheitsgefühle aufkommen. Unterschiedliche Kompetenzen werden durch Altersunterschiede begründet und gelten als normal. Wenn sich die Kinder gegenseitig helfen, gibt das den Erwachsenen Zeit für Beobachtung und individuelle Unterstützung.
- Man lernt gut durch das Lehren anderer. Ein älteres Kind erkennt seine eigenen Fortschritte und festigt sein Wissen, wenn es einem jüngeren etwas erklärt. Das andere Kind versteht dies oft besser als die Erklärung des Erwachsenen.
- Leistungsunterschiede werden leichter akzeptiert. Dass für die jeweiligen Altersgruppen unterschiedliche Lernziele gelten, verhindert die Ausbildung von übermäßigem Konkurrenzdenken. Demgegenüber suggeriert die Jahrgangsklasse aufgrund ihrer einheitlichen Leistungsanforderungen tendenziell eine nicht vorhandene Gleichheit, so dass negatives Abweichen von der Leistungsnorm leicht als Versagen gedeutet wird.

Die Frage nach der idealen Organisationsform jahrgangsübergreifenden Lernens lässt sich allerdings nicht abschließend beantworten. Zwar hält Montessori es für sinnvoll, immer drei Jahrgänge zu mischen. Das bedeutet aber nicht zwangsläufig, dass dies heute auch noch so sein muss.

Formen alters-gemischten Lernens

In Montessori-Kinderhäusern sowie in Bundesländern mit sechsjähriger Primarstufe lassen sich jeweils drei Jahrgänge kombinieren. Daneben existieren an einzelnen Montessori-Grundschulen aber auch Jahrgangklassen. Weitere Modelle sind die Kombination von zwei bzw. vier Jahrgängen sowie *Aufsteige-Modelle*, bei denen eine Gruppe aus dem 1.–3. Schuljahr gebildet wird, die im Folgejahr aus Schülern der 2.–4. Klasse besteht usw. Schließlich lassen sich im Rahmen der flexiblen Schuleingangsphase auch Gruppen bilden, die das letzte Vorschuljahr integrieren, so z. B. als Mischform 0–2.

Zu bedenken ist, dass die Kombination nur zweier Jahrgänge das Anregungspotenzial erheblich reduzieren kann und sich das soziale Gefüge einer Lerngruppe jedes Jahr enorm verschiebt. Bei der Mischung von vier Klassen wird die Altersspanne sehr groß, was die Bildung gleichgeschlechtlicher Freundschaften und Arbeitspartnerschaften unter Gleichaltrigen erschwert. In Aufsteigemodellen bleibt die Gruppe über einige Zeit konstant, so dass es doch zu Rollenverfestigungen kommen kann. All diese Modelle haben somit ihre spezifischen Vor- und Nachteile, und die berichteten Erfahrungen sind so individuell, dass sich wohl kaum eine dieser Formen generell als Idealform ansprechen lässt.

10.5 Jahrgangsübergreifendes Lernen

11
»Ich freu' mich schon auf morgen«
Montessori-Pädagogik in der Sekundarstufe (12–18 Jahre)

Der Sekundarbereich steht zwar in der öffentlichen Wahrnehmung der Montessori-Pädagogik gewissermaßen im Schatten der früheren Entwicklungsphasen, aber auch für diese Periode hat Maria Montessori innovative Ideen entwickelt, nicht zuletzt den sogenannten »Erdkinderplan«. Dieses Kapitel beschreibt im Überblick Ansätze zur Umsetzung dieser Ideen in der Schule, und zwar in den USA und in einigen europäischen Ländern.

»Wenn das Kind die Periode der individuellen Bildung überschritten hat, um in die der Bildung der Persönlichkeit überzugehen, und man konzipiert die Sekundarbildung auf der Linie jener ersten Stufe, geht man gegen die Natur« (Montessori 1973: 62).

Nach Ansicht Maria Montessoris sind Jugendliche ab dem 12. Lebensjahr *sozial Neugeborene*. Sie wollen nun die ersten Schritte in das gesellschaftliche Leben tun und sind sich noch unsicher, welche Rolle sie dort wohl einmal spielen werden. Dieser besonderen Sensibilität muss natürlich auch die Schule Rechnung tragen. Mit ihrem Modell einer *Erfahrungsschule des sozialen Lebens* entwickelt die italienische Reformpädagogin eine radikale Alternative zur Regelschule, die über eine bloße Weiterentwicklung der Unterrichtsmethoden deutlich hinausgeht. Montessori fordert vielmehr, den Heranwachsenden in einem geschützten pädagogischen Raum außerhalb der Familie ausreichend Freiheit zu geben, damit sie eine zunehmende Unabhängigkeit erlangen können.

In einem immer noch faszinierenden Dokument von 1939, das als *Erdkinderplan* bekannt wurde, skizziert sie als geeignete Umgebung für Jugendliche eine internatsähnliche Schule mit angeschlossenem Bauernhof, Laden und Gasthaus.

»Damit der Jugendliche soziale Erfahrungen sammeln kann, muss ihm die Gesellschaft eine geeignete Umgebung [...] schaffen, wo er praktisch all das erproben kann, was tatsächlich die Gesellschaft betrifft« (Montessori 1973: 63).

11.1 Der Erdkinderplan – Die Idee einer Erfahrungsschule des sozialen Lebens

Im *Erdkinderplan* entwirft Montessori das Bild eines Studien- und Arbeitszentrums auf dem Lande, wo man Schülern in gesunder Umgebung eine harmonische Verbindung von Studium, Arbeit und Gemeinschaftsleben bietet. Diese *Erfahrungsschule des sozialen Lebens* ist eine Art Gesamtschule, in der sich Unterricht und Arbeit sinnvoll abwechseln und ergänzen, da nach Montessori geistige und manuelle Arbeiten gleichermaßen der Bildung des Menschen dienen.

»Menschen, die Hände, aber keinen Kopf haben, und Menschen, die einen Kopf, aber keine Hände haben, sind in der modernen Gesellschaft in gleicher Weise fehl am Platze« (Montessori 1988: 131).

Die praktische Arbeit in den drei Betrieben soll vielfältige Lernprozesse ermöglichen und Erfahrungen im wirtschaftlichen Denken und Handeln vermitteln. Montessori plädiert dafür, Jugendliche durch eigene Arbeit Geld verdienen und ansatzweise eine wirtschaftliche

Unabhängigkeit erlangen zu lassen. So wird nicht nur der Umgang mit Geld gelernt, sondern es können auch die Gesetzmäßigkeiten von Produktion und Handel erfahren werden.

Auch in sozialer Hinsicht fordert Montessori größere Selbstständigkeit für Heranwachsende. Sie sollen die Möglichkeit haben, sich von ihrer Familie zu lösen und selbstbestimmt in einer Jugendgesellschaft zu leben. Denn durch das soziale Leben in der Gemeinschaft Gleichaltriger werde die Bedeutung verbindlicher Regeln für ein gelingendes Zusammenleben in der Gesellschaft besonders sinnfällig.

»Man muss ihnen also die Möglichkeit zu einem praktischen Leben geben, zum Studium und zu intellektuellen und handwerklichen Übungen« (Montessori 1973: 63).

Es ist also kein bloßes *Zurück zur Natur*, kein beschauliches Inseldasein in der »pädagogischen Provinz«, welches ihr vorschwebt. Es ist vielmehr die Möglichkeit, aus der praktischen Arbeit heraus auch konkrete Lernanlässe für den Unterricht in den Naturwissenschaften, in Technik und Geschichte zu gewinnen. Diese enge Verbindung und wechselseitige Anregung von Theorie und Praxis stellen ihrer Überzeugung nach eine gute Vorbereitung auf die mündige Teilnahme am gesellschaftlichen Leben dar und lassen die Jugendlichen *von den Ursprüngen her in die Kultur eindringen*: Sie erhalten Gelegenheit, wichtige Erfahrungen zu machen und Zusammenhänge durch eigenes Handeln kennenzulernen.

Darüber hinaus soll das wissenschaftliche Studium gefördert werden, indem man Jugendlichen genügend Freiraum für selbstbestimmtes und eigenverantwortliches Lernen lässt. Montessori gibt Hinweise auf die Notwendigkeit von Wahlmöglichkeiten und praktischen Experimenten, für die Einrichtung einer Schülerbibliothek sowie die Bereitstellung verschiedenster Hilfsmittel, Materialien und Arbeitsmittel für das selbstständige Lernen. Als Maxime für die Unterrichtsgestaltung formuliert sie:

»Die besten Methoden sind diejenigen, die beim Schüler ein Maximum an Interesse hervorrufen, die ihm die Möglichkeit geben, allein zu arbeiten, selbst seine Erfahrungen zu machen, und die erlauben, die Studien mit dem praktischen Leben abzuwechseln« (Montessori 1988: 154).

Allerdings gelingt es Montessori nicht mehr, diese Konzeption zu verwirklichen, und bis heute werden in Schulprojekten, die sich darauf berufen, stets nur Facetten realisiert, nie der ganze Plan in Reinform. Die ab 1930 in den Niederlanden entstehenden *Montessori-Lyzeen* entsprechen ihren radikalen Vorstellungen nur ansatzweise, da sie sich kaum auf die Ideen des *Erdkinderplans* beziehen. Sie verstehen sich eher als Schulen *nach den Prinzipien* Montessoris. Dennoch ist die italienische Pädagogin voller Anerkennung für diese Einrichtungen, wenn sie 1949 feststellt: »In Holland gibt es fünf solcher höheren Schulen, die Montessori-Lyzeen heißen. Sie erreichten solch günstige Resultate, dass die Regierung sie unterstützt und sie gleich wie die anderen Lyzeen behandelt. In Paris besuchte ich vor dem Zweiten Weltkrieg ein privates Montessori-Lyzeum, wo die Schüler

138   *11. Montessori-Pädagogik in der Sekundarstufe*

selbstsicherer und von unabhängigerem Charakter waren und auch ihre Prüfungen weniger fürchteten als die Schüler anderer französischer Lyzeen« (Montessori 1989: 118).

11.2 Erdkinderprojekte in Deutschland und den USA

Wenn auch der *Erdkinderplan* als Ganzes im Rahmen des staatlichen Schulsystems kaum realisierbar sein dürfte, lassen sich doch auch (oder gerade!) heute viele Anregungen und Elemente daraus übernehmen. Berichte aus Montessori-Sekundarschulen in Borken, Potsdam, Krefeld oder Bad Honnef bestätigen die Bedeutung von Elementen wie Schülerpraktika, Arbeitsgemeinschaften, Sanitäts- und anderen sozialen Diensten, von Schülerladen und Schülerfirma, Windkraftanlagen und Schulbauernhof sowie von Feiern, Festen und Abenteuer-Fahrten für die Entwicklung einer jugendgemäßen Schule.

Realisierung einzelner Elemente

Als *ein* Beispiel sei hier das Erdkinder-Projekt Eberharting nahe Mühldorf/Oberbayern erwähnt, das in den Räumlichkeiten eines alten Bauernhofs untergebracht ist. Hier lernen 120 Kinder und Jugendliche in jahrgangsgemischten Klassen (1–3; 4–6; 7–10) einer staatlich genehmigten Volksschule in freier Trägerschaft. Pädagogisches Ziel ist es, in Anlehnung an Montessoris Vision die Trennung von Schule und Leben zu überwinden, Lernen und Arbeiten sinnvoll miteinander zu verbinden. So stehen neben dem individuellen Studium mit Freiarbeitsmaterial, Lernmappen und Büchern auch vielfältige Aktivitäten in Gartenbau, Tierhaltung, Großküche und Hofladen im Mittelpunkt. Die Schüler arbeiten in Werkstätten für Holz und Keramik und wählen zwischen zahlreichen Angeboten im musisch-künstlerischen Bereich. Zusammen sollen diese Elemente des Schullebens ein Lernen mit Kopf, Herz und Hand ermöglichen, wie Montessori es forderte.

Bei ersten Versuchen mit Erdkinderschulen in den 1970er Jahren wurden auch in den USA zunächst nur Elemente des *Erdkinderplans* realisiert. Da viele solcher Einrichtungen nicht auf dem Land angesiedelt sind, sondern in Städten oder in Stadtnähe, entstand der Begriff des *Urban Compromise*. Denn die Schüler verlassen oft nur zeitweise die Schule, um ein paar Wochen auf dem Land zu leben und zu arbeiten, während die Schule ansonsten eher traditionell arbeitet. Gründe für diesen Kompromiss gibt es viele. Nicht zuletzt ist es, wie in Deutschland oft auch, die Sorge um die Erfüllung von Lehrplanvorgaben oder Bedenken der Eltern dagegen, ihre Kinder in diesem Alter fern der Familie aufwachsen zu lassen.

Intensive Bemühungen um eine möglichst vollständige Umsetzung des *Erdkinderplans* führen nach mehrjähriger Planung schließlich zur Eröffnung der Hershey Montessori Farm School in Huntsburg/Ohio zum Schuljahr 2000/01, die derzeit als das wohl ehrgeizigste und konsequenteste Projekt dieser Art gilt. Sie liegt auf einem weitläufigen Gelände in ländlicher Umgebung und nimmt Jugendliche im Alter von 12–15 Jahren aus den USA und aus Übersee auf. Etwa die Hälfte von ihnen lebt im Internat, die anderen sind Tagesschüler.

Hershey Montessori Farm School

Das Ziel ist es auch hier, theoretische Studien, praktische Arbeiten und soziale Erfahrungen zu verbinden und den Jugendlichen ein Bewusstsein für ökonomische Prozesse und ökologische Zusammenhänge zu vermitteln. Es geht um das Leben in der Gemeinschaft Gleichaltriger, um produktive Arbeit in der Natur, um einen nachhaltigen Lebensstil. Die Unterrichtsthemen entstammen im Idealfall praktischen Erfordernissen des Zusammenlebens und wirken bereichernd in dieses zurück. So kann etwa ein fächerübergreifendes Projekt aus der Notwendigkeit heraus entstehen, die Lebensmittelvorräte haltbar zu machen. Einen weiteren Schwerpunkt stellen auch hier Angebote zur musisch-künstlerischen Bildung dar, um den Jugendlichen vielfältige Möglichkeiten des persönlichen Ausdrucks zu eröffnen.

Das Leben ist geprägt durch die Arbeit in den Werkstätten, Gärten und Gewächshäusern sowie die vielfältigen Aufgaben im Haushalt. Alle tragen durch die Übernahme von Diensten zur Selbstversorgung und Selbstverwaltung der Gemeinschaft bei. Attraktive Handlungsanreize können eine normalisierende Wirkung entfalten, wenn sie die Heranwachsenden auf hohem Niveau fordern und zur Konzentration führen. Entscheidend ist, dass die Jugendlichen die Herausforderungen des realen Lebens (statt konstruierter schulischer Aufgaben) annehmen und so zur verantwortlichen Arbeit in Auseinandersetzung mit sachlichen Notwendigkeiten in der Gemeinschaft Gleichaltriger geführt werden können.

Auch der hier dargestellte Ansatz zur Realisierung des *Erdkinderplans* befindet sich noch im Fluss. Weitere Erdkinder-Initiativen finden sich derzeit etwa in Chicago und Nord-Virginia (USA), Cuernavaca (Mexiko) oder im australischen Perth.

11.3 Montessori-Sekundarschulen in den Niederlanden und in Deutschland

Durch den Einsatz engagierter Eltern, die für ihre Kinder eine Fortführung der Montessori-Erziehung über die Grundschule hinaus wünschen, entstand 1930 in Amsterdam das erste Montessori-Lyzeum, gefolgt von weiteren Gründungen in Rotterdam (1936), Utrecht (1945) und Den Haag (1950). Eine explosionsartige Zunahme ist seit den 1990er Jahren zu verzeichnen, so dass man heute von etwa 20 solcher Schulen in den Niederlanden ausgehen kann. Montessori-Lyzeen sind kooperative Gesamtschulen, welche die freien Arbeitsformen der *Montessori-Basisschools* (Jg. 1–6) fortsetzen bzw. altersgemäß weiterentwickeln.

Im Mittelpunkt der Unterrichtsorganisation steht daher auch hier das freie Arbeiten in Vorbereiteter Umgebung, das nun aber stärker als in der Primarstufe strukturiert und durch entsprechende Lernangebote und Vorgaben gesteuert wird. Die Schüler erhalten ein Pensenbuch, das die Lernziele und Inhalte jedes Faches auflistet. Zur *fachgebunde-*

nen Freiarbeit finden sie sich in entsprechenden Fachräumen ein, um dort mit Büchern, Arbeitsmitteln und Mappen am Pensum zu arbeiten. Sie bestimmen selbst, in welchem Tempo sie arbeiten und ob sie alleine oder mit einem Partner lernen. Das klassische Montessori-Material tritt dabei zunehmend in den Hintergrund.

Prinzipien der Organisation des Lernens

In besonders ausgewiesenen *Wahlstunden* kann man Fachlehrer aufsuchen und mit ihrer Unterstützung Inhalte vertiefen, neue Themen bearbeiten oder individuelle Prüfungen ablegen. Die erbrachten Leistungen werden im Pensenbuch festgehalten, so dass Schüler wie Lehrer sich jederzeit einen Überblick über die individuelle Lernentwicklung verschaffen können. So gelingt es den Jugendlichen, sich einen großen Teil des Lernstoffes in freier Arbeit selbstständig anzueignen und auf diesem Wege ihre Lernziele zu erreichen.

Anstöße zu einer deutschen Montessori-Sekundarschulpraxis kamen durch persönliche Kontakte zu niederländischen Pädagogen zustande. Erste Versuche mit Freiarbeit erfolgen bereits Ende der 50er Jahre an Düsseldorfer und Frankfurter Schulen. Ab den 1970er Jahren nimmt die Zahl der Gründungen rasch zu. Heute existieren in Deutschland

Typischer Arbeitsplan einer Montessori-Klasse in der Sekundarstufe

	Montag	Dienstag	Mittwoch	Donnerstag	Freitag
	Offene Eingangsphase täglich ab 7.45–8.00 Uhr				
1	Freiarbeit	Freiarbeit	Freiarbeit	Freiarbeit	Freiarbeit
2	Freiarbeit	Freiarbeit	Freiarbeit	Freiarbeit	Freiarbeit
	Gemeinsame Frühstückspause ab 9.25 Uhr				
	Große Pause				
3	Deutsch	Kunst	Mathe	Englisch	Englisch
4	Deutsch	Kunst	Mathe	Religion	Sport
	Große Pause				
5	Biologie	Sport	Musik	Arbeitslehre	Gesellschaft
	Biologie	Sport	Musik	Arbeitslehre	Klassenrat

11.3 Montessori-Sekundarschulen in den Niederlanden und in Deutschland

etwa 100 Sekundarschulen oder Schulzweige, die ihre Arbeit an der Montessori-Päd-agogik ausrichten. Davon sind etwa 40 % Gymnasien, 25 % Gesamtschulen sowie 35 % Haupt-, Real- und Sonderschulen.

Auch hierzulande orientiert man sich zunächst an Prinzipien und Arbeitsweisen der Montessori-Grundschule und versucht, diese für höhere Altersstufen weiterzuentwickeln. Daher bildet in den Jahrgängen 5–7 die Freiarbeit mit 8–10 Wochenstunden das Kernstück des Unterrichts und wird, wie in der Grundschule, durch andere Arbeitsformen ergänzt. Lernangebote und Materialien sind nun aber enger mit dem Fachunterricht vernetzt und stärker an einer gemeinsamen Lernprogression orientiert. Damit die Schüler trotz ihrer *relativen Freiheiten* bei der Wahl der Arbeit, des Partners, des Arbeitsplatzes und des Lerntempos das notwendige Pensum kennen und die geforderten Leistungen erbringen können, wird die Freiarbeit jetzt oft durch Arbeitspläne strukturiert und die Aufgabenaus-wahl durch die Vorbereitete Umgebung gesteuert.

Die Arbeitswahl mancher Jugendlicher ist nun allerdings vorwiegend durch den erwar-teten Spaßfaktor oder den benötigten Energieaufwand bestimmt. Auch der fehlende Über-blick über Themen und Anforderungen führt nicht selten zu wenig zielführendem Arbeits-verhalten. Zunehmend spielt auch das gesteigerte Kommunikationsbedürfnis eine Rolle, das die Aufgabenwahl oft nachhaltiger beeinflusst als echtes Sachinteresse. Daher ist es für diese Altersstufe besonders wichtig, interessante und herausfordernde Lernangebote bereitzustellen, aber eben auch geeignete Strukturierungshilfen.

Materialien   Da Montessori für einige Fächer keine oder nur wenige Lernmaterialien entwickelt hat, müssen diese unter Beachtung wichtiger Kriterien von den Lehrern selbst hergestellt wer-den. Zu einem differenzierten Lernangebot für die Unterstufe gehören aber auch gute Software, Sachbücher, Nachschlagewerke, Arbeitskarteien usw. Mit zunehmendem Alter werden die klassischen Materialien für das Lernen nicht mehr so sehr benötigt und im Übrigen auch mitunter von den Jugendlichen abgelehnt. Auch ist der Abstraktionsgrad von Unterrichtsthemen und Inhalten jetzt oft so hoch, dass diese sich ohnehin kaum materialisieren lassen. Daher verändert sich ab Klasse 7/8 die Struktur der Freiarbeit: Die Prinzipien des selbsttätigen Lernens und der Wahlfreiheit verbinden sich stärker mit Gruppenaktivitäten oder Eigenstudien. Die Arbeit in Lernwerkstätten, das Anfertigen von Facharbeiten oder handwerklich-künstlerischen Produkten sowie der Projektunterricht nehmen zu. Dies kommt den Interessen Jugendlicher entgegen und entspricht gleicher-maßen den schulischen Erfordernissen.

Manche Montessori-Schulen legen in den Jahrgängen 8–10 nun den Schwerpunkt auf das Methodentraining, andere auf vernetztes Lernen in Epochen, Projekte in realen Hand-lungsbezügen oder das Aufsuchen außerschulischer Lernorte. Entscheidend ist, dass sich jeweils genügend Wahl-, Gestaltungs- und Mitbestimmungsmöglichkeiten für die Schüler bieten.

Sekundarstufe II   Während die Suche nach geeigneten Arbeitsformen für die Klassen 7–10 der Montes-sori-Sekundarschulen noch nicht abgeschlossen ist, liegen für die Montessori-Praxis in der Sekundarstufe II bisher überhaupt noch kaum veröffentlichte Konzepte und Erfah-rungen vor. Die Auflösung der Klassenverbände, die notwendige Kooperation mit Nachbarschulen sowie der zunehmende Notendruck erschweren offenbar die Kontinuität der freien Arbeit und deren Weiterentwicklung in der Oberstufe. Dennoch zeichnen sich hier reizvolle Entwicklungsaufgaben ab: So wird zu erproben sein, ob Methoden wie Lernzirkel, Stationenlernen und Projekt, ob die Nutzung gut ausgestatteter Schulbibliotheken und Selbstlernzentren oder eine radikale Modularisierung des Lernens eine sinnvolle Fortsetzung der Montessori-Arbeit sein können.

Fazit: Die *Erfahrungsschule des sozialen Lebens* auf der Grundlage des *Erdkinderplans* Maria Montessoris ist also kein abgeschlossenes Modell, sondern ein für eine Weiterentwicklung offenes Projekt, bei dem sich die Montessori-Sekundarschulen auch auf internationaler Ebene zukünftig sicher noch stärker gegenseitig inspirieren werden. Gemessen an Montessoris radikalen Vorstellungen nimmt sich die heutige Praxis zwar eher bescheiden aus. Vor dem Hintergrund aktueller Tendenzen in der Schul- und Unterrichtsentwicklung dürfen viele Montessori-Sekundarschulen jedoch als sehr modern, innovativ und wegweisend gelten.

12

»... damit wir besser lernen können.«
Kinder erklären Montessori

In diesem abschließenden Kapitel kommen diejenigen direkt zu Wort, die in der Montessori-Pädagogik von Anfang an im Mittelpunkt gestanden haben: die Kinder selbst ...

Die folgenden Zitate stammen aus Gesprächen mit Kindern und Jugendlichen verschiedener Montessori-Einrichtungen. Sie erläutern und ergänzen auf wunderbare Weise die Sicht des Wissenschaftlers und Pädagogen. Uns ist es ein Anliegen, diese Interviewsequenzen hier aufzunehmen, um Kindern das Wort zu geben – als Experten, die die Montessori-Pädagogik erleben und erklären.

Wer war eigentlich Maria Montessori?

»Montessori war eine Frau, die in Italien gelebt hat. Sie war alt und hatte lange Kleider. Sie hat sich was ausgedacht, damit wir besser lernen können.« (Carla, 8 Jahre)

»… und damit ist sie weltberühmt geworden. Wie ein Star oder so. Auf jeden Fall hat sie unsere Schule erfunden.« (Lotta, 7 Jahre)

»Sie konnte gut reden und hat ihre Ideen weitererzählt. Und Bücher hat sie auch geschrieben.« (Lea, 8 Jahre)

Wie fühlt sich ganz tiefe Konzentration an?

»… wenn ich mich konzentriere, dann ist die Außenwelt abgetrennt. … Mir macht es manchmal so viel Spaß, dass ich alles um mich vergesse – also dann hör' ich nicht mehr irgendwo anders hin, nur auf mich.« (Martha, 9 Jahre)

»… da können manche kommen und mich dann was fragen, aber ich hör' dann einfach nicht zu.« (Claudia, 7 Jahre)

»Ich und meine Freunde wollen immer in die Leseecke, weil die auch alle Tiere haben, und da können wir Bilder von Hamstern angucken. Dann vergesse ich meine eigentliche Arbeit, aber wir wissen schon noch, was wir tun – aber wir denken nicht mehr dran … und hinterher weiß ich auch was.« (Justin, 6 Jahre)

»Konzentrieren ist anstrengend, aber schön, weil man hinterher mehr weiß – über Magnetismus zum Beispiel.« (Dora, 8 Jahre)

»Ich bin dann müde, aber voll.« (Claudia, 7 Jahre)

»Ich weiß dann was und freue mich.« (Robin, 8 Jahre)

12. Kinder erklären Montessori

Was meint Montessori mit »Kinder sind anders«?

»Kinder haben einfach andere Meinungen als Erwachsene, sie denken anders. Montessori fand, dass Kinder nicht langweilig sind und viele Sachen besser als Erwachsene können oder – anders können.« (Luis, 13 Jahre)

»... dass wir andere Dinge wichtiger finden ... als Du oder meine Mutter.« (Zora, 9 Jahre)

»Jedes Kind ist anders und jedes Kind lernt anders.« (Liam, 7 Jahre)

Wie muss ein Freiarbeitsraum aussehen?

»Hell und aufgeräumt – und so gemütlich, immer mit einer Leseecke.« (Kai, 9 Jahre)

»Tja – nicht mit so vielen Tischen hintereinander.« (Katharina, 8 Jahre)

»Aufgeräumt, so dass man die Sachen findet, die man braucht.« (Lea, 9 Jahre)

»... ordentlich, gemütlich, groß!« (Tim, 7 Jahre)

Beschreib bitte mal, was eine Montessori-Lehrerin ist!

»Also – sie muss schlau sein und viel wissen. Frau S. kennt alle Materialien und weiß, wie die gehen, und auch, was rauskommt.« (Paul, 7 Jahre)

»Die sitzt da, und wenn man eine Frage hat, dann geht man hin.« (Luca, 8 Jahre)

»Die gibt keine Noten.« (Sira, 8 Jahre)

Was ist Freiarbeit?

»Wir dürfen uns aussuchen, was wir machen wollen, wo wir es machen wollen. Draußen oder drinnen, im Liegen, Stehen oder Sitzen.« (Lara, 6 Jahre)

»... das ist dann so, dass wir uns was aussuchen können, was gerade frei ist und worauf wir Lust haben, und dann macht es Spaß. Mehr Spaß, als wenn Frau S. sagt: Das wird jetzt so gemacht!« (Lukas, 8 Jahre)

»In der Freiarbeit muss man seine Aufgaben nacheinander erledigen und darf nicht viel sprechen – nur über Sachen, die man gerade macht.« (Martha, 9 Jahre)

»Man selber und die anderen auch müssen leise sein, und keiner darf jemandem auf die Schulter tippen oder so; sonst kann man sich nicht mehr konzentrieren.« (Claudia, 7 Jahre)

Was ist typisch für euer Material?

»Die Aufgaben müssen schön sein und einen interessieren, sonst kommt keine Konzentration raus.« (Janis, 7 Jahre)

»Wir wissen … wo alles steht. Ordentlich muss es sein.« (Ina, 8 Jahre)

»Bei uns sind die Sachen nicht doppelt da. Dann wäre es auch ganz schön voll.« (Meike, 8 Jahre)

»Wenn ein Material zu schwer ist, merkt man das ja. Ich suche mir dann was anderes aus oder frage.« (Luna, 9 Jahre)

Welche Regeln gibt es in der Freiarbeit?

»Nicht rumlaufen, keine anderen Kinder stören, kein Handy.« (Johann, 8 Jahre)

»Wir sollen uns was aussuchen. … kein Essen, keine Musik in der Ruheecke … andere Kinder in Ruhe lassen.« (Lynn, 7 Jahre)

Was ist typisch für eine Montessori-Schule?

»Wir haben viel Freiarbeit. Jeden Tag und immer ganz lang. Das ist anders als bei meinem Bruder. – … Und unser Perlenmaterial – das ist schön und ich rechne hier am liebsten.« (Kristin, 8 Jahre)

»Keine Noten! … Wir dürfen jeden Tag Freiarbeit machen. Unsere Lehrer sind nett. … Wir haben Bioessen.« (Lynn, 7 Jahre)

»In meiner Klasse sind ältere und jüngere Kinder. Wir sind hier gemischt. Das ist praktisch. Ich bin gerade in der Mitte.« (Janis, 7 Jahre)

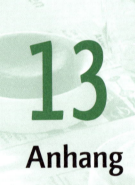

13
Anhang

In diesem Kapitel werden einige Tipps für die vertiefende und weiterführende Beschäftigung mit Theorie und Praxis der Montessori-Pädagogik gegeben.

In der folgenden Übersicht stellen wir Ihnen zunächst eine Reihe von *Büchern* vor, die einen guten Einstieg in das Studium der Schriften Maria Montessoris ermöglichen. Unter *Sekundärliteratur* finden Sie dann lesenswerte Veröffentlichungen, in denen einzelne Themen und Aspekte der Montessori-Pädagogik herausgegriffen werden. Es kann hier jedoch nur um eine kleine Auswahl gehen, da die immense Fülle an entsprechender Fachliteratur selbst für ausgewiesene Montessori-Kenner nahezu unüberschaubar geworden ist. Wir haben uns daher auf besonders wichtige, aktuelle und in der Regel gut zugängliche Buchtitel beschränkt.

Da die Nachfrage nach *Filmen* über die Montessori-Praxis vom Kinderhaus bis zur Sekundarstufe groß ist, haben wir außerdem eine Auswahl an interessanten Videos und DVDs zusammengestellt, die im Fachhandel erhältlich sind und einen anschaulichen Eindruck vom Leben und Lernen in Montessori-Einrichtungen vermitteln. Diese Filme eignen sich auch für die Vorführung auf Elternabenden, bei Lehrerkonferenzen oder in Fortbildungsseminaren.

Abschließend bieten wir Ihnen eine Zusammenstellung hilfreicher *Adressen* von Montessori-Organisationen und Verbänden sowie einiger Lehrmittelverlage an, die sich auf den Vertrieb von Montessori-Materialien und anderen Arbeitsmitteln für die Freie Arbeit spezialisiert haben.

13.1 Textsammlungen zur Einführung in die Montessori-Pädagogik

Paul OSWALD / Günter SCHULZ-BENESCH (Hrsg.): *Grundgedanken der Montessori-Pädagogik. Quellentexte und Praxisberichte*, 21. Aufl., Neuausgabe, überarbeitet und aktualisiert von Harald Ludwig, Freiburg 2008 (Schlüsseltexte Maria Montessoris sowie Beiträge zur Montessori-Praxis in Spielgruppen, Kinderhaus, Grundschule, Sekundarschule, Sonderschule und integrativen Einrichtungen)

Winfried BÖHM (Hrsg.): *Maria Montessori – Texte und Gegenwartsdiskussion*, 5. Aufl., Bad Heilbrunn 1996 (gut ausgewählte Texte Maria Montessoris und Stellungnahmen namhafter Montessori-Experten)

13.2 Wichtige Schriften Maria Montessoris in deutscher Sprache

(angegeben sind die von uns verwendeten Auflagen, d. V.)

- *Grundlagen meiner Pädagogik*, Heidelberg 1965
- *Die Messe Kindern erklärt*, Freiburg 1964
- *Von der Kindheit zur Jugend*, Freiburg 1966
- *Über die Bildung des Menschen*, Freiburg 1966a
- *Frieden und Erziehung*, Freiburg 1973

13. Anhang　　　149

- *Spannungsfeld Kind – Gesellschaft – Welt*, Freiburg 1979
- *»Kosmische Erziehung«*, Freiburg 1988
- *Die Macht der Schwachen*, Freiburg 1989
- *Dem Leben helfen*, Freiburg 1992
- *Gott und das Kind*, Freiburg 1995
- *Erziehung für eine neue Welt*, Freiburg 1998
- *Das kreative Kind*, Freiburg 2007 (1. Aufl. 1972)
- *Schule des Kindes*, Freiburg 2008 (1. Aufl. 1976)
- *Kinder sind anders*, Stuttgart 2009 (1. Aufl. 1952)
- *Die Entdeckung des Kindes*, Freiburg 2010 (1. Aufl. 1969)
- *Praxishandbuch der Montessori-Methode*, Freiburg 2010a

In der Reihe: »Maria Montessori – Gesammelte Werke« erscheinen ab März 2010 in insgesamt 21 Bänden beim Verlag Herder die bisher veröffentlichten, aber auch eine Vielzahl noch unveröffentlichter Schriften der weltberühmten Reformpädagogin als wissenschaftliche Werkausgabe. In z. T. neuen Übersetzungen, versehen mit zahlreichen Fußnoten, Anhängen und Kommentaren zu den verschiedenen Auflagen sowie mit ergänzenden Passagen aus anderen Ausgaben vermitteln die *Gesammelten Werke* einen guten Einblick in die Entwicklung des pädagogischen Denkens Maria Montessoris und lassen die Textgenese nachvollziehen. Herausgeber der Reihe ist Prof. (em.) Dr. Harald Ludwig, Universität Münster. Bisher sind erschienen:

- *Die Entdeckung des Kindes* als Band 1
- *Erziehung und Gesellschaft* als Band 3
- *Praxishandbuch der Montessori-Methode* als Band 4 und
- *Das Kind in der Familie* als Band 7.

Pro Jahr werden 2–3 Bände erscheinen, so dass das gesamte Werk voraussichtlich bis 2017 geschlossen vorliegen wird.

13.3 Sekundärliteratur (Auswahl)

Silke ALLMANN (2007): *Lernalltag in einer Montessori-Schule. Kinder zwischen Selbstständigkeit und Anpassung. Eine empirisch-qualitative Untersuchung*, Münster

Harold BAUMANN (2007): *1907–2007: Hundert Jahre Montessori-Pädagogik. Eine Chronik der Montessori-Pädagogik in der Schweiz*, Bern/Stuttgart/Wien

Horst Klaus BERG (1999): *Montessori für Religionspädagogen. Glauben erfahren mit Hand, Kopf und Herz*, 3., bearb. Aufl. Stuttgart

Horst Klaus BERG (2002): *Maria Montessori. Mit Kindern das Leben suchen*, Freiburg

Gottfried BIEWER (1997): *Montessori-Pädagogik mit geistig behinderten Schülern*, 2. Aufl. Bad Heilbrunn

Gitta BINTINGER / Marianne WILHELM (2005): *Inklusiven Unterricht gestalten. Creating Inclusive Education.* In: *Behinderte in Familie, Schule und Gesellschaft 2/2005*

Jutta BLÄSIUS (2011): *»Das kann ich schon selber!« Übungen des praktischen Lebens nach Maria Montessori*, 2. Aufl. Freiburg

Winfried BÖHM (1998): *Maria Montessori. Hintergrund und Prinzipien ihres pädagogischen Denkens*, 2. Aufl. Bad Heilbrunn

Winfried BÖHM / Birgitta FUCHS (2004): *Erziehung nach Maria Montessori*, Bad Heilbrunn

Sofia CAVALLETTI (1994): *Das religiöse Potential des Kindes. Religiöse Erziehung im Rahmen der Montessori-Pädagogik. Erfahrungen mit Kindern im Alter von 3–6 Jahren*, Freiburg

Mihaly CSIKSZENTMIHALYI (1991): *Das Flow-Erlebnis. Jenseits von Angst und Langeweile: im Tun aufgehen*, 3. Aufl. Stuttgart

Ela ECKERT (2007): *Maria und Mario Montessoris Kosmische Erziehung. Vision und Konkretion*, 2. Aufl. Münster

Ela ECKERT / Ingeborg WALDSCHMIDT (Hrsg.) (2007): *Kosmische Erzählungen in der Montessori-Pädagogik*, 2. Aufl. Münster

Ela ECKERT / Ingeborg WALDSCHMIDT (Hrsg.) (2010): *Inklusion: Menschen mit besonderen Bedürfnissen und Montessori-Pädagogik*, Berlin

Barbara ESSER / Christiane WILDE (2002): *Montessori-Schulen. Zu Grundlagen und pädagogischer Praxis*, 10. Aufl. Reinbek

Georg FEUSER (2002): *Momente entwicklungslogischer Didaktik einer Allgemeinen (integrativen) Pädagogik.* In: Hans EBERWEIN / Sabine KNAUER (Hrsg.): *Integrationspädagogik*, 6. Aufl. Weinheim/Basel, 280–294

Reinhard FISCHER (1999): *Die Polarisation der Aufmerksamkeit und das »Flow«-Phänomen.* In: Harald Ludwig (Hrsg.): *Montessori-Pädagogik in der Diskussion*, Freiburg, 65–86

Reinhard FISCHER (Hrsg.) (2005): *Sprache – Schlüssel zur Welt*, 2 Bde., Bd. 1: *Handbuch zur Theorie und Praxis der Spracherziehung in der Montessori-Pädagogik*, Donauwörth; Bd. 2: *Materialien zur Spracherziehung in der Montessori-Pädagogik*, Donauwörth

Esther GRINDEL (2007): *Lernprozesse hochbegabter Kinder in der Freiarbeit der Montessori-Pädagogik. Eine empirische Analyse auf der Basis von Einzelfallstudien in Montessori-Grundschulen*, Münster

Herbert HABERL (Hrsg.) (1995): *Integration und Montessori-Pädagogik*, Freiburg

Nicole HANEWINKEL (2007): *Handlungsorientiertes Lernen mit dem Bruchrechenmaterial Maria Montessoris. Eine Analyse von Arbeitsweisen und mathematischen Verstehensprozessen bei Grundschulkindern*, Münster

Franz HAMMERER (1997): *Maria Montessoris pädagogisches Konzept – Anfänge der Realisierung in Österreich*, Wien

Franz HAMMERER / Herbert HABERL (Hrsg.) (2004): *Montessori-Pädagogik heute, Grundlagen – Innenansichten – Diskussionen*, Wien

Inge HANSEN-SCHABERG / Bruno SCHONIG (Hrsg.) (2005): *Montessori-Pädagogik* (Reihe: Basiswissen Pädagogik: Reformpädagogische Schulkonzepte, Bd.4), 2. Aufl. Baltmannsweiler

Waltraud HARTH-PETER (Hrsg.) (1996): *»Kinder sind anders«. Maria Montessoris Bild vom Kinde auf dem Prüfstand*, Würzburg

Helmut HEILAND (1991): *Maria Montessori – mit Selbstzeugnissen und Bilddokumenten*, Reinbek

Theodor HELLBRÜGGE (1991): *Unser Montessori-Modell. Erfahrungen mit einem neuen Kindergarten und einer neuen Schule*, 2. Aufl. Frankfurt

Helene HELMING (1996): *Montessori-Pädagogik*, 16. Aufl. Freiburg

Hildegard HOLTSTIEGE (1999): *Das Menschenbild bei Maria Montessori. Grundzüge ihrer Anthropologie im Kontext der aktuellen Diskussion*, Freiburg

Hildegard HOLTSTIEGE (2000): *Modell Montessori. Grundsätze und aktuelle Geltung der Montessori-Pädagogik*, 12. Aufl. Freiburg

Hildegard HOLTSTIEGE (2010): *Montessori-Pädagogik für 0–4 Jahre. Ganzheitliche Bildung in Familie, Kita und Kindergarten*, 2. Aufl. Freiburg

Hildegard HOSTERBACH (2007): *Musikalisches Lernen in der Montessori-Pädagogik. Musikdidaktische Überlegungen unter besonderer Berücksichtigung der musikpädagogischen Arbeit im deutschsprachigen Raum*, Münster

Claus-Dieter KAUL (2005): *Handbuch zur Kosmischen Erziehung*, 3 Bde., Tegernsee

Ulrike KEGLER (2009): *In Zukunft lernen wir anders. Wenn die Schule schön wird*, Weinheim/Basel

Michael KLEIN-LANDECK (2005): *Zur integrativen Perspektive in der Lehrerbildung*. In: Reinhard FISCHER / Peter HEITKÄMPER (Hrsg.): *Montessori Pädagogik: aktuelle und internationale Entwicklungen*, Münster, 333–348

Michael KLEIN-LANDECK (2009a): *Freie Arbeit bei Maria Montessori und Peter Petersen*, 5. Aufl. Münster

Michael KLEIN-LANDECK (2009b): *Fundgrube für die Freiarbeit Englisch. Praxismaterialien zum selbsttätigen Lernen nach Montessori*, 2. Aufl. Donauwörth

Michael KLEIN-LANDECK / Klaus CARAU / Ilka LANDECK (2010): *Unterrichtsentwicklung mit Erfolg. 10 praxiserprobte Bausteine*, Berlin

Arnold KÖPCKE-DUTTLER / Armin MÜLLER / Martin SCHUSTER (Hrsg.) (2007): *Maria Montessori und der Friede*, Freiburg

Rita KRAMER (1995): *Maria Montessori. Leben und Werk einer großen Frau*, 5. Aufl. Frankfurt

Hélène LEENDERS (2001): *Der Fall Montessori. Die Geschichte einer reformpädagogischen Erziehungskonzeption im italienischen Faschismus*, Bad Heilbrunn

Harald LUDWIG (2008): *Montessori-Schulen und ihre Didaktik*, 2. Aufl. Baltmannsweiler

Harald LUDWIG (Hrsg.) (1999): *Montessori-Pädagogik in der Diskussion. Aktuelle Forschungen und internationale Entwicklungen*, Freiburg

Harald LUDWIG (Hrsg.) (2003): *Erziehen mit Maria Montessori*, 5., erw. Aufl. Freiburg

Gudula MEISTERJAHN-KNEBEL (2003): *Montessori-Pädagogik in der weiterführenden Schule*, Freiburg

Mario M. MONTESSORI (sen.) (2008): *The Human Tendencies and Montessori Education* oder *Grundlegende Strukturen menschlichen Verhaltens und Montessori Erziehung*, hrsg. von Ela ECKERT und Ingeborg WALDSCHMIDT im Auftrag der Deutschen Montessori-Gesellschaft (»Das Kind«, Sonderheft), Wiesbaden

Mario MONTESSORI (jun.) (2002): *Über Maria Montessoris Konzept einer Kosmischen Erziehung*. In: Maria MONTESSORI: *Kosmische Erziehung*. 5. Aufl. Freiburg, 170–184

Tanja PÜTZ (2006): *Maria Montessoris Pädagogik als religiöse Erziehung. Polarisation der Aufmerksamkeit und Meditation im Vergleich*, Münster

Hans-Dietrich RAAPKE (2006): *Montessori heute. Eine moderne Pädagogik für Familie, Kindergarten und Schule*, 3. Aufl. Reinbek

Claudia SCHÄFER (2005): *Lernen mit Montessori im Kinderhaus*, Freiburg

Claudia SCHÄFER (2009): *Kleinkinder fördern mit Maria Montessori*, 3. Aufl. Freiburg

Hans-Joachim SCHMUTZLER (1997): *Fröbel und Montessori*, 4. Aufl., Freiburg

Marielle SEITZ / Ursula HALLWACHS (Hrsg.) (1996): *Montessori oder Waldorf? Ein Orientierungsbuch für Eltern und Pädagogen*, München

Edward Mortimer STANDING (1959): *Maria Montessori. Leben und Werk*, Stuttgart

Ulrich STEENBERG (1998): *Lass deinem Kind sein Geheimnis. Religiöse Erziehung nach Maria Montessori*, Freiburg

Ulrich STEENBERG (2004): *Kinder finden ihren Weg. Montessori – das Elternbuch*, Freiburg

Ulrich STEENBERG (2007): *Kinder kennen ihren Weg. Ein Wegweiser zur Montessori-Pädagogik*, 7. Aufl. Ulm

Ulrich STEENBERG (2008): *Montessori-Pädagogik im Kindergarten*, Freiburg

Ulrich STEENBERG (Hrsg.) (2007): *Handlexikon zur Montessori-Pädagogik*, 6. Aufl. Ulm

Barbara STEIN (2007): *Theorie und Praxis der Montessori-Grundschule*, 4. Aufl. Freiburg

Dorothee VENOHR (2002): *Integrative Montessori-Pädagogik. Praktische Anregungen für die Arbeit mit Kindern*, Dortmund

Hans WILMS (2010): *Das Montessori-Musikmaterial*, Teil I: *Die Glocken*, 2., überarb. Aufl. Reutlingen

Hans WILMS (2010): *Das Montessori-Musikmaterial*, Teil II: *Die Klangstäbe*, 2., überarb. Aufl. Reutlingen

Besondere Beachtung verdienen auch die Tagungsbände der Deutschen Montessori-Vereinigung e. V., die seit 1999 einmal pro Jahr erscheinen und die Ergebnisse, Vorträge und Arbeitsgemeinschaften der alljährlichen Studienkonferenz zu aktuellen Fragen der Montessori-Pädagogik wiedergeben. Bisher sind in dieser Reihe erschienen:

Reinhard FISCHER / Michael KLEIN-LANDECK / Harald LUDWIG (Hrsg.) (1999): *Die »Kosmische Erziehung« Maria Montessoris*, Münster

13. Anhang

Reinhard FISCHER / Peter HEITKÄMPER / Harald LUDWIG (Hrsg.) (2000): *Erziehung zum Frieden für Eine Welt. Der Beitrag der Montessori-Pädagogik*, Münster

Harald LUDWIG / Christian FISCHER / Reinhard FISCHER (Hrsg.) (2001): *Leistungserziehung und Montessori-Pädagogik*, Münster

Harald LUDWIG / Christian FISCHER / Reinhard FISCHER (Hrsg.) (2002): *Montessori-Pädagogik in Deutschland. Rückblick, Aktualität, Zukunftsperspektiven: 40 Jahre Montessori-Vereinigung*, Münster

Harald LUDWIG / Christian FISCHER / Reinhard FISCHER (Hrsg.) (2003): *Verstehendes Lernen in der Montessori-Pädagogik. Erziehung und Bildung angesichts der Herausforderungen der Pisa-Studie*, Münster

Harald LUDWIG / Christian FISCHER / Reinhard FISCHER (Hrsg.) (2004): *Montessori-Pädagogik und frühe Kindheit. Eine Revolution in der Erziehung?*, Münster

Harald LUDWIG / Christian FISCHER / Reinhard FISCHER / Michael KLEIN-LANDECK (Hrsg.) (2005): *Sozialerziehung in der Montessori-Pädagogik. Theorie und Praxis einer Erfahrungsschule des sozialen Lebens*, Münster

Harald LUDWIG / Reinhard FISCHER / Michael KLEIN-LANDECK (Hrsg.) (2006): *Musik, Kunst, Sprache. Möglichkeiten des persönlichen Ausdrucks in der Montessori-Pädagogik*, Münster

Harald LUDWIG / Reinhard FISCHER / Michael KLEIN-LANDECK (Hrsg.) (2007): *Das Lernen in die eigene Hand nehmen. Mut zur Freiheit in der Montessori-Pädagogik*, Münster

Harald LUDWIG / Reinhard FISCHER / Michael KLEIN-LANDECK (Hrsg.) (2009): *100 Jahre Montessori-Kinderhaus. Geschichte und Aktualität eines pädagogischen Konzepts*, Berlin/Münster

Michael KLEIN-LANDECK / Reinhard FISCHER (Hrsg.) (2009): *Kinder in Not. Chancen und Hilfen der Montessori-Pädagogik*, Berlin/Münster

Michael KLEIN-LANDECK (Hrsg.) (2010): *Erzieher – Lehrer – Partner? Die Rolle des Erwachsenen in der Montessori-Pädagogik*, Berlin

13.4 Die Blaue Reihe

Die Hefte der Blauen Reihe widmen sich der Kosmischen Erziehung in der Montessori-Pädagogik und sind für die Hand der Kinder konzipiert. Erarbeitet wurden sie von der Fachgruppe für Kosmische Erziehung in der Dozentenkonferenz der Deutschen Montessori-Vereinigung e. V. und sind erhältlich über die *Geschäftsstelle der Vereinigung*, Xantener Str. 99 in 50733 Köln. Erhältlich sind folgende Titel:

Heft 1: *Ist die Erde groß?*
Heft 2: *Die Erdteile bewegen sich*
Heft 3: *Unsere Erde. Ein Planet voller Leben*
Heft 4: *Kapillarität. Kann Wasser klettern?*
Heft 5: *Wie die Erde auf die Welt kam*

Heft 6: *Aus der unendlichen Geschichte der Steine*
Heft 7: *Versuch es selber*
Heft 8: *Regen vor der Tür*
Heft 9: *Mein Tierbaum*
Heft 10: *Mit dem Punkt fängt es an.*

13.5 Zeitschriften zur Montessori-Pädagogik in deutscher Sprache

■ MONTESSORI – *Zeitschrift für Montessori-Pädagogik*, hrsg. von der Deutschen Montessori-Vereinigung e. V., 2 Hefte jährlich (bis 1992 unter dem Titel »MONTESSORI-WERKBRIEF«), ISSN 0944-2537
■ DAS KIND – *Halbjahrsschrift für Montessori-Pädagogik*, hrsg. von der Deutschen Montessori-Gesellschaft e. V., 2 Hefte jährlich, ISSN 0945-5582

13.6 Kleine »Montessori-Videothek«

■ **Hilf mir, es selbst zu tun (1995), 24 Min., Regie: Renate Göbel,** Themen: Freiarbeit in der Grundschule, Montessori-Materialien für Sprache, Mathematik und Kosmische Erziehung
■ **Wo ich bin, ist Freiheit (1995), 30 Min., Regie: Gudrun Friedrich,** Themen: Leben und Werk, Montessoris friedenspädagogischer Ansatz, Kosmische Erziehung, historische Aufnahmen, Berichte von Zeitzeugen
■ **Unser Haus für Kinder. Das Montessori-Konzept im Kindergarten (2002), 35 Min., Regie: Werner Dönges,** Themen: Leben und Lernen im Montessori-Kinderhaus, individuelle Förderung in heterogenen Gruppen, Elternmitarbeit
■ **Montessori-Werkstatt Hinsbleek (2003), 31 Min., Regie: Klaus-Peter Hemmerer,** Themen: Tagesstruktur eines Montessori-Schulzweiges, Wechsel von Arbeits- und Sozialformen, Altersmischung, Gestaltung von Freiarbeitsfachräumen
■ **Zwischen freiem Lernen und Steuerung. Die Montessori-Schule Rotenburg (2006), 18 Min., Regie: Sibylla Leutner-Ramme,** Themen: Eine kleine Grundschule auf dem Weg, angeleiteter Unterricht und freie Selbsttätigkeit, offene Eingangsphase, Vorbereitete Umgebung
■ **Gymnasium Schloss Hagerhof. Montessoris Erfahrungsschule des sozialen Lernens (2006), 27 Min., Regie: Wolfgang Haberl,** Themen: Montessori-Pädagogik in der Sekundarstufe, Umsetzung von Elementen des Erdkinderplans
■ **Bilder des Gelingens. Freie Montessori-Schule Landau (2010), 45 Min., Regie: Paul Schwarz,** Themen: Montessori-Pädagogik in Kinderhaus, Grund- und Gesamtschule, Inklusion, Berufsorientierung, Demokratieerziehung.
(Quelle: media-versand, Eigenzell, Goldbergweg 9, 73479 Ellwangen, www.media-versand.de)

- **Laßt uns Zeit. Montessori-Pädagogik à la Hans Elsner (1993), 30 Min., Regie: Jean Christopher Burger,** Themen: pädagogische Ziele und Prinzipien der Montessori-Pädagogik, Aufgaben des Lehrers, Porträt der Montessorischule Köln-Gilbachstr. aus der Sicht ihres prominenten Gründers
- **Montessorischüler gehen ihren Weg (2007), 28 Min., Regie: Jean Christopher Burger,** Themen: Jahrgangsübergreifende Freiarbeit im Erleben von Schülern, Hoffnungen und Sorgen beim Schulwechsel (»Wie kommen ehemalige Montessorischüler an weiterführenden Schulen zurecht?«

(Quelle: J. C. Burger Filmproduktion, Bachemer Str. 53, 50931 Köln, www.burgerfilm.de)

13.7 Anschriften wichtiger Montessori-Organisationen

Deutsche Montessori-Vereinigung e. V., Xantener Str. 99, 50733 Köln,
 Tel./Fax 0221-7606610; E-mail: info@montessori-vereinigung.de;
 Homepage: www.montessori-vereinigung.de.
Deutsche Montessori-Gesellschaft e. V., Butterblumenweg 5, 65201 Wiesbaden,
 Tel. 0611-2054871, Fax: 2054872; E-mail: kontakt@montessori-gesellschaft.de,
 Homepage: www.montessori-gesellschaft.de
Montessori Dachverband Deutschland e. V, Feldbergstr. 2, 65830 Kriftel,
 Tel. 06192-402781, Fax: 402773, E-mail: kontakt@montessori-deutschland.de,
 Homepage: www.montessori-deutschland.de (Zusammenschluss deutscher
 Montessori-Organisationen)
Montessori Europe e. V., Postfach 1272, 53588 Bad Honnef, Germany,
 Tel.0049-2224-9015701, Fax 932525: E-mail: Office@montessori-europe.com;
 Homepage: www.montessori-europe.com (Vereinigung von Montessori-Gesellschaften europäischer Länder)
Association Montessori Internationale (AMI), Koninginneweg 161, 1075 CN Amsterdam,
 Niederlande, Tel.0031-20-6798932, Fax: 6767341; E-mail: info@montessori-ami.org;
 Homepage: www.montessori-ami.org (Internationale Montessori-Gesellschaft)

13.8 Anschriften von Lehrmittelverlagen

Vertrieb von Montessori-Materialien

- Gonzagarredi, Str. Prov.le Pascoletto 5, I-46023 Gonzaga, www.gonzagarredi.it
- Kato, Hallesche Str. 3, 14612 Falkensee, www.kato-montessori.de
- NIENHUIS MONTESSORI, Industriepark 14, NL-7021 BL Zelhem, www.nienhuis.com
- Moka-Verlag, Rosenstr. 1, 43684 Tegernsee, www.moka-verlag.de
- Thüringer Montessori-Materialien, Bahnhofstr. 27, 98544 Zella-Mehlis, www.rosaturm.de

- Wemont/ Brigitta Weninger, Heiligenstädter Str. 54/28, A-1190 Wien, www.wemont.sagenet.at
- Heinz Zerres Montessori-Materialien, Paffrather Str. 40, 51465 Bergisch-Gladbach, www.heinz-zerres.de

Vertrieb anderer Freiarbeitsmaterialien

- AOL-Verlag, c/o Persen-Verlag, Postfach 1656, 21606 Buxtehude, www.aol-verlag.de
- Auer-Verlag, Postfach 1152, 86601 Donauwörth, www.auer-verlag.de
- Aulis-Verlag, Antwerpener Str. 6–12, 50672 Köln, www.aulis.de
- Beenen-Lehrmittel, Weseler Str. 22a, 46519 Alpen, www.beenen-lehrmittel.de
- Betzold Versand, Veit-Hirschmann-Str. 12, 73479 Ellwangen, www.betzold.de
- Finken Verlag, Postfach 1546, 61405 Oberursel, www.finken.de
- Klett-Verlag, Postfach 102645, 70022 Stuttgart, www.klett.de
- Kohl-Verlag, Postfach 7128, 50150 Kerpen, www.kohlverlag.de
- Lehrmittelverlag Torsten Schmidt, Jahnstr. 36a, 25358 Horst/Holstein, www.schmidt-lehrmittel.de
- Logo Lern-Spiel-Verlag, Bamlerstr. 1B, 45141 Essen, www.logo-verlag.de
- Persen Verlag, Postfach 1656, 21606 Buxtehude, www.persen.de
- Reformpädagogischer Verlag Jörg Potthoff, Haydnstr. 16a, 79104 Freiburg, www.pottreform.de
- Sauros Verlag Markus Schulz, Postfach 301224, 50782 Köln, www.sauros.de
- Schubi Lernmedien, Georg-Westermann-Allee 66, 38104 Braunschweig, www.schubi.de
- Verlag Schule konkret, Kiebitzsteig 23, 14621 Schönwalde, www.schulekonkret. de

13.9 Buchtipps für Kopiervorlagen und Bastelanleitungen

In den nachfolgend aufgelisteten Büchern finden Sie interessante Bastelideen und Kopiervorlagen für die Herstellung von Freiarbeits-Materialien für Grundschule und Sekundarstufe. Diese orientieren sich an den Kriterien und Prinzipien der ursprünglichen Montessori-Materialien, die in den Bänden der Montessori-Vereinigung e. V. (Hrsg.) vorgestellt werden, und entstammen der kreativen Arbeit heutiger Montessori-Praktiker. Sie bereichern das Lernangebot jeder Vorbereiteten Umgebung im Sinne Montessoris und stellen, auch wenn sie nicht immer vollständig den hohen Ansprüchen an echtes Montessori-Material genügen können, eine wertvolle Hilfe für die Praxis dar. Wenn im Buchtitel kein Fach oder Lernbereich genannt wird, beziehen sich die vorgestellten Materialien in der Regel auf verschiedene Fächer.

Lore ANDERLIK (1996): *Ein Weg für alle! Montessori-Therapie und -Heilpädagogik in der Praxis*, Dortmund: Verlag Modernes Lernen

Kerstin BACHER / Kerstin EGOULI (2000): *»Jedes Kind ist anders!« Highlights der Mon-*

13. Anhang　　157

tessori-Pädagogik für Kinder mit sonderpädagogischem Förderbedarf, Donauwörth: Auer

Horst Klaus BERG (1998): *Freiarbeit im Religionsunterricht*, 2. Aufl. Stuttgart/München: Calwer Verlag/Kösel

Reinhard FISCHER (2005): *Sprache – Schlüssel zur Welt*, 2 Bände: *Handbuch* und *Materialband*, Donauwörth: Auer

Christel FISGUS / Gertrud KRAFT (2000): *»Morgen wird es wieder schön!« Neue Materialien für die Praxis*. Donauwörth: Auer

Christel FISGUS / Gertrud KRAFT (2009): *»Hilf mir, es selbst zu tun!« Montessoripädagogik in der Regelschule*. Donauwörth: Auer

Monika KEHR (2006): *Freie Arbeit im Religionsunterricht. Materialien für die Praxis*. Donauwörth: Auer

Michael KLEIN-LANDECK (2009b): *Fundgrube für die Freiarbeit Englisch*, 2. Aufl. Donauwörth: Auer

MONTESSORI-VEREINIGUNG E. V. (Hrsg.) (2005): *Montessori-Material. Mathematik in Kinderhaus und Schule. Handbuch für Lehrgangsteilnehmer*, Zelhem/NL: Nienhuis

MONTESSORI-VEREINIGUNG E. V. (Hrsg.) (2005): *Montessori-Material. Sprache in Kinderhaus und Schule. Handbuch für Lehrgangsteilnehmer*, Zelhem/NL: Nienhuis

Maria Montessori – Gesammelte Werke

in 21 Bänden

- Erarbeitet unter der Leitung von Prof. Dr. Harald Ludwig

- Subskription mit 15% Preisvorteil

Die Edition hat den Anspruch einer wissenschaftlichen Werkausgabe, die in dieser Form weltweit zum ersten Mal herausgegeben wird.
Maria Montessori – Gesammelte Werke präsentiert eine großenteils neue Übersetzung sämtlicher Werke sowie eine Vielzahl unveröffentlichter Schriften der großen Pädagogin.

Bereits erschienene Bände:

Band 1 | Die Entdeckung des Kindes
680 Seiten | Gebunden
ISBN 978-3-451-32510-6

Band 4 | Praxishandbuch der Montessori-Methode
260 Seiten | Gebunden
ISBN 978-3-451-32514-4

Band 3 | Erziehung und Gesellschaft
540 Seiten | Gebunden
ISBN 978-3-451-32513-7

Band 7 | Das Kind in der Familie
260 Seiten | Gebunden
ISBN 978-3-451-32518-2

HERDER
Lesen ist Leben

In jeder Buchhandlung oder unter www.herder.de

Montessori-Pädagogik

Paul Oswald | Günter Schulz-Benesch (Hrsg.)
Grundgedanken der Montessori-Pädagogik
Quellentexte und Praxisberichte
Überarbeitet und aktualisiert von Harald Ludwig
288 Seiten | Paperback
ISBN 978-3-451-32117-7

Maria Montessori im Original – ihre Grundgedanken ausgewählt aus ihrem umfassenden Gesamtwerk. Die zum Teil erstmals auf Deutsch veröffentlichten Texte werden ergänzt durch praxisorientierte Beiträge von Montessori-Kennern, u.a. zur integrativen Pädagogik und Frühpädagogik. Eine konzise und authentische Einführung, die von einer Biografie abgerundet wird. Mit aktuellen Fotos.

Hildegard Holtstiege
Montessori-Pädagogik für 0–4 Jahre
Ganzheitliche Bildung in
Familie, Kita und Kindergarten
176 Seiten | Paperback
ISBN 978-3-451-32282-2

Diesem Buch liegen Überlegungen zugrunde, die Maria Montessori wiederholt geäußert hat: Sie fordert von Eltern und Erzieherinnen, ihr Kind zunächst zu beobachten, bevor sie damit beginnen, es zu erziehen zu. Was Erzieherinnen tun müssen – so Maria Montessori – ist, die Grundhaltung gegenüber dem Kind zu ändern und es zu lieben mit einer Liebe, die an seine Personalität glaubt.

HERDER
Lesen ist Leben

In jeder Buchhandlung oder unter www.herder.de